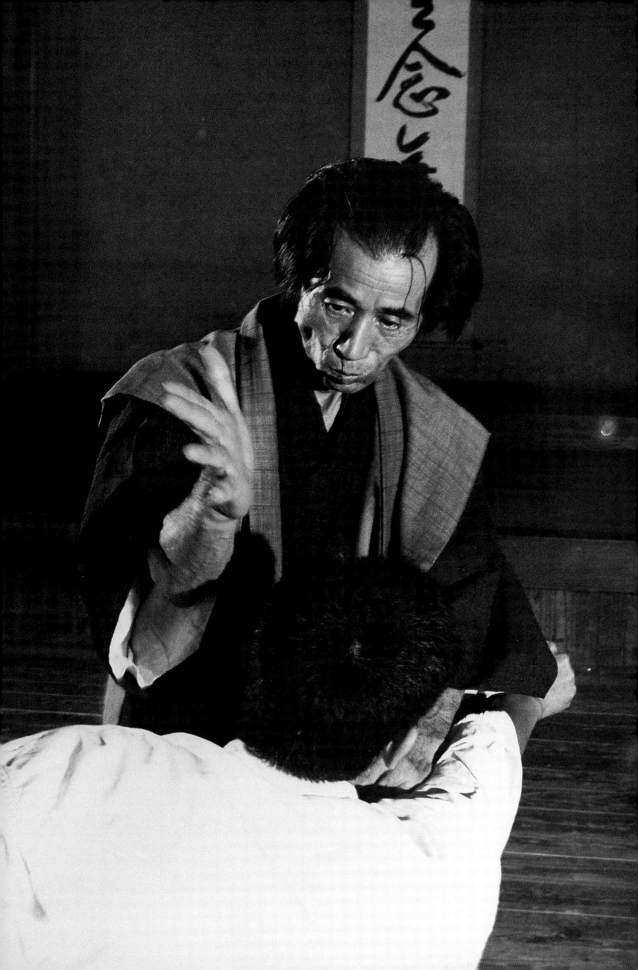

船越義豪先生と江上茂先生の組手
（昭和十二年頃）

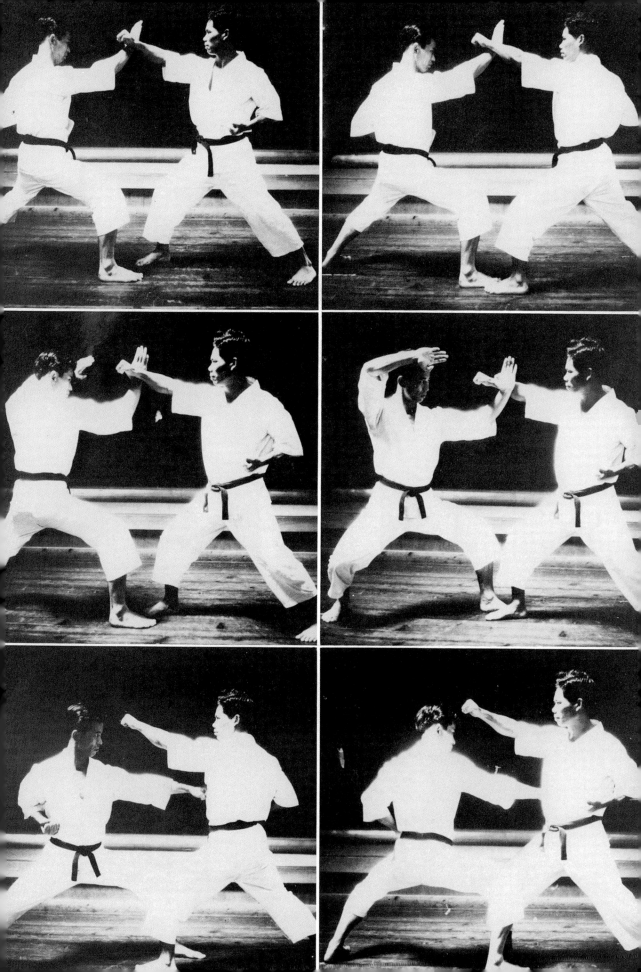

江上先生による組手。
昭和11年。船越義珍先生宅の庭に設けられた稽古場に於いて。
撮影は義豪先生。

江上先生による基本の型
昭和11年。船越義珍先生宅の庭に設けられた稽古場に於いて。
撮影は義豪先生。

江上先生（昭和52年頃）

入山に入って仙となる
佐事を忘れしばしの時を
之に遊ぶ人々の
楽園たらん

遊天

昭和46年11月14日　遊天荘落成記念に寄せて記した書

新装増補版

空手道入門

江上 茂

日貿出版社

『空手道入門』の新装増補版に寄せて

　　　　　　　　　　　　　　　日本空手道松濤會松濤館館長　瀧田良德

　江上先生がご逝去されてから、早くも36年の月日が経ちました。
　その間空手は多種・多様化し、取り巻く環境は大きく変化して、更に広く普及してきましたが、空手を技術に終らせることなく、生涯をかけて自己を創り上げていく「道」に昇華させるという先生のお考えは、時代の移ろいに左右されない不変の真理であります。
　この度、先生最後の著書である『空手道入門』の新装増補版が日貿出版社より刊行されましたことは誠に時を得て感慨深いものがあります。
　本書は題名の通り初めて空手を志す人に向けた入門書であると同時に、空手修行を積まれた経験者・指導者の「空手とは何か、空手道の意義を何処に見出すのか」という疑問に一つの方向性を示す指導書でもあります。絶版になって久しく、当会会員だけでなく、多くの空手道を志す方々から、再刊行が切望されていました。
　術から道への道程で、本書がその一助となることを確信しております。

新装増補版『空手道入門』の発行に際して

「江上先生の『空手道入門』を再度世に問う」ということは我々弟子にとって、まさに悲願でありました。この度、各方面の方々のご理解とご協力を得て、ついに「新装増補版　空手道入門」が刊行されましたこと、誠に感慨深く、歓びに堪えないものがあります。

新装増補版発行に際しまして、刊行委員会として一言付させていただきます。

本書の旧版の発行は実に40年前となりますが、本書に記された武道哲学、稽古方法は2017年現在でも、まったく色褪せるものはありません。よって、本文は一言たりとも訂正も加筆もしていません。ただ、本書の「柔軟体操と正座」の項で、1980年代以降スポーツ科学の世界ではタブーとなった「兎跳び」という名称が出てきます。本文を読んでいただければ明白ですが、松濤會の「兎跳び」は現在タブーとされている一般の「兎跳び」とは全く質を異にしています。その内容は、足裏全体を床面につけて腰を落とし切る方法であり、むしろ現在のスポーツ科学で抗重力筋のトレーニングとして推奨されている「スクワット前進」または「ジャンピングスクワット」などと呼ばれているものであるということを、老婆心ながら付け加えさせていただきます。

この40年の間に当松濤會の組織においても、残念ながら分離、独立などの動きがありました。資料編に掲載したかった高弟たちの文章の中にも断念せざるを得なかったものが何編かあります。そのような制約の中でも、『空手道入門』刊行委員会としましては、江上先生の遺された武道哲学の宏大さ、崇高さがより立体的に把握できるようにと最大限の努力をしたつもりです。今回の新装増補版では、日貿出版社のご厚意により、資料編として「審査会における江上先生の講評」「中央大学空手部機関紙『飛龍』に寄せた原稿」などのほか、弟子たちが綴った「江上茂追想録」の中から選りすぐりの文章（役職名等は当時のまま）も掲載させていただきました。また、巻頭口絵の後半部には、江上先生が晩年に到達された境地に至る以前の昭和初期の組手写真もあえて掲載しました。それは、第一に当時の最高峰の稽古の気迫までをも伝える大変貴重なものであるとの認識から、第二にはこうした稽古の延長線上に今日の松濤會が目指す空手道の姿があることを再認識するための資料となるとの判断からです。

これから空手道を始めようとする人にも、すでに空手道の稽古に真剣に取り組んでいる人にも、ぜひこの本を手に取って、読んでほしいと思います。そしてさらには、自らの身体と対話しながら実践し、江上先生が示された「武道平法としての空手道」を一人でも多くの人に具現化してほしいと願って止みません。

末尾になりましたが、日貿出版社の下村敦夫氏には、企画から編集、出版に至るまで大変お世話になりました。この場を借りてお礼を申し上げます。

本書中に、もし何らかの過誤があったとすれば、その責は全て当刊行委員会が負うべきものであります。

江上 茂『空手道入門』刊行委員会

目　次

口絵……………………………………………………………………1
『空手道入門』の新装増補版に寄せて………………………………16
新装増補版『空手道入門』の発行に際して…………………………17

まえがき………………………………………………………………20
第1章　柔軟体操と正座……………………………………………27
　柔軟体操………………………………………………………………29
　正　座…………………………………………………………………42
2章　基　本…………………………………………………………45
　立ち方…………………………………………………………………48
　　八字立………………………………………………………………50
　　閉足立………………………………………………………………51
　　騎馬立………………………………………………………………51
　　四股立………………………………………………………………52
　　後屈立………………………………………………………………52
　　猫足立………………………………………………………………52
　　前屈立………………………………………………………………54
　　不動立………………………………………………………………55
　　参戦立………………………………………………………………56
　攻め方…………………………………………………………………58
　　蹴　り………………………………………………………………59
　　　前蹴り……………………………………………………………59
　　　横蹴り……………………………………………………………62
　　　回し蹴り…………………………………………………………65
　　　二段蹴り…………………………………………………………66
　　　双足蹴り…………………………………………………………68
　　突　き………………………………………………………………69
　受　け…………………………………………………………………85
　　下段払い……………………………………………………………85
　　上段揚受け…………………………………………………………91
　　中段手刀受け………………………………………………………94
　　腕受け………………………………………………………………102
　　受け技の終りに……………………………………………………106
第3章　型………………………………………………………………107
第4章　組　手…………………………………………………………115
附1　座り稽古…………………………………………………………125
附2　阿吽の行…………………………………………………………128
むすび……………………………………………………………………130
索引………………………………………………………………………132

資料編……………………………………………………………………………135

これから稽古を始める人に………………………………………………136
稽古のマンネリ化を憂えて　〜最近の稽古の傾向を見る………………137
ヒントは自分で……………………………………………………………138
間のとりかた………………………………………………………………139
「型」に対する考えかた…………………………………………………140
究極は生死の問題です……………………………………………………141
自信を持ってやってください……………………………………………142
下腹にこたえる位の重心で………………………………………………143
自分には絶対に妥協しない………………………………………………144
稽古の段階…………………………………………………………………145
なんの為に空手を学ぶのか………………………………………………146
天を懼（おそ）れよ………………………………………………………147
近頃思うこと………………………………………………………………148

江上空手の源流……………………………………………………………151
江上館長の思い出…………………………………………………………159
道場開きの日に……………………………………………………………160
超松濤館流…………………………………………………………………161
歴史の節目…………………………………………………………………163
自我を捨て去る……………………………………………………………164
やっと来たな‼……………………………………………………………166
みそぎと鎮魂………………………………………………………………168
心と心のつながり…………………………………………………………169
限り無い愛…………………………………………………………………171
あっ、しまった……………………………………………………………172
谷神不死……………………………………………………………………172
師の掌の上で………………………………………………………………175
みんなの前に、もう一度立ちたい………………………………………176
慙愧の記……………………………………………………………………177

日本空手道松濤會 本部道場 松濤館及び支部、同好会一覧……………………180

まえがき

　空手道はブームに乗って、今なお世界的に発展しつつあります。空手道のどこに、その意義を見出し、何を目的に練習、稽古に励むのか、何が魅力になっているのか、全く見当もつかないといってよいでしょう。

　日本における発展普及の状態も、今日、空手百流といわれるほどで、40年あまり前に、私達が始めたころから見ると、大変な違いです。恩師松濤老師（船越義珍先生）が、南海の島沖縄から上京されて、初めて空手を公開された50年前に、誰が今日の隆盛を予想し得たでしょう。苦心さんたんのほどは察するに余りあるものがあります。柔道の嘉納治五郎先生、剣道の中山博道（はくどう）先生をはじめ、先生の演武を見学された心ある人々のすすめもあって、先生は東京に留まることを決意されたと聞いています。日々の生活すらままならない状況の中で、日夜指導に専念され、入門第1号は洋画の小杉放庵先生とのことです。おいおい門人も増えていったとは思いますが、何しろ当時は、やっと神秘の扉が開かれたばかり、「からて」も唐手と書いていたころのことです。門人の数も、それほど多かったとは思えません。大変な御苦労であったろうと思います。私達が宣伝普及のため演武旅行をした昭和9年、10年の関西、九州地方でも、ほとんど全くといってよい位「からて」は知られていなかったのです。秘術としての「からて」を見ようと、どこでも会場いっぱいの人で、ただ驚嘆していた姿が浮んできます。

　第1回の演武旅行の引率者であり、日ごろの稽古を指導していただいていたのは、下田武先生でした。まことに稽古熱心な方で、船越門下の一本杉といわれ、早くから老師の代稽古をなされた方です。経歴はよく知りませんが、元来剣は念流を稽古され、忍術の研究に蘊蓄があったと聞きました。演武旅行を終った後、体に変調があり、間もなく早逝されましたことは、全く残念なことでした。

　次に代稽古をされるようになったのが、老師の御三男船越義豪先生です。下田先生の後を引き継いで、若者の指導をといえば、その人柄と言い、力量と言い、義豪先生以外に考えられなかったのです。皆から若先生として慕われた方でした。東大医学部のレントゲンの方をやっておられ、文部省の運動医事相談所のレントゲン技師もやっておられました。そんな職業の関係もあってか、なかなか指導の方を引受けて下さらなかったのですが、若者の懇望もあり、老師のお言葉もあって、やっと決意され、引受けて下さったのです。稽古もすこぶる熱心で、私達も「若先生」「若先生」と慕っていました。目白に松濤館道場が出来ましたのも、この若先生のお力があったからこそと思います。この若先生も、大空襲で道場が焼失した後、落胆のあまりか間もなく世を去ってしまわれました。

　老師の後継者にふさわしいお2人、いずれも30代の若さで世を去られたわけです。斯道のための痛恨事というべきでしょう。このお2人がもし生きておられたら、現状を何と見られるでしょうか。

　老師は、単なる闘争の技としてでなく、精神の滋養を説かれ、実践されたのですが、

現在の姿はいかがなものでしょう。口には精神を唱えながら、実際にはひたすらに勝敗を追い、闘争のみに走っているのではないでしょうか。精神的なことといえば、決まり文句のようにほとんどが不撓不屈の精神であり、ド根性というもののようです。不撓不屈といい、ド根性というのは、まことに結構なことです。しかし、間違うと大変なことにもなりましょう。方向違いのド根性になり、方法手段を選ばず勝てばよいという、チンピラヤクザ的なド根性になり果てることにもなりかねないのです。

　日本における発展はもちろん、海外にも及び、各流各派が競って進出を志し、おそらく世界中でもてはやされているのが現状でしょう。しかし、それもやはり闘技としての発展のみといって過言ではないようです。アメリカをはじめ西欧諸国において、一部ではまじめに東洋の神秘的なもの、あるいは精神的なものに引かれてというグループもあるようです。物質文明の行き詰まりを打開する手段として、東洋の精神をさぐろうとの意図も見られるようです。しかし、彼らが求めるような精神的なものが見出せたのでしょうか。人間の否、動物の本能ともいうべき闘争に終始しているのが現状ではないでしょうか。ブームに乗って金儲けの具にしようとする、そんな馬鹿者すらいるという現実は何としたことでしょう。

　今日、テレビ、映画によって紹介されているものは、そのほとんどがやはり、闘争心をあおり立て、神秘を売物にしたまやかしの際物と言ってよいのではないでしょうか。私達武道平法を頑固に目指す者は別として、スポーツとしても、もっともっと研究されなければならないし、精神面も今一つ修業なされねばならないのではないでしょうか。

　では、私達の稽古する空手道は、私達の稽古とは、いったいどんなものでしょう。「一撃必殺」の殺しのテクニックを習得したい。それが入門者のほとんどの、いつわらない気持であることに間違いはないようです。そんな気持で入門した以上、その追求の仕方は当然徹底的でなければなりません。初心者としては、必勝必殺の闘争の技としての追求でなければなりません。中途半端な妥協など許さるべきことではないのです。我が身を死地に置いて、いかにしたら相手を打倒せるか、いかにしたら死地を脱することが出来るか、生と死のぎりぎりを見つめての行、それが初心者の当然の姿でなければなりません。

　しかし、必勝、必殺、それはしょせん初心者のものであり、初歩の域を出ないものであります。不敗は必勝ではない。このことを身を以て知る、その時初歩の域を出るのです。勝負の世界は、どこまで行っても勝負の世界であり、強い者が弱い者に勝つ、当然のことです。強いも弱いもない。皆が協調、調和する道、それが私達の稽古する窮極の空手道です。

　生れて死ぬまでには、まず母を知り父を知り兄弟を知る。長ずるに従って友を知り師に接する。生きた人に接し、書を読んで古い時代の人に接し、そしてだんだん成長する。精神的に肉体的に、人に接し世の中を知る。人間、人と人とのかかわり合いが、いかにたいせつであるかがわかる。全く孤立した人生などあり得ないのです。稽古は正に人間の探究です。

　向い合った相手が、たとえ悪意殺意をいだこうとも、すべて稽古相手は有難い存在です。

松濤・船越義珍翁と下田武先生

　自己を知り相手を知る。そしてそのかかわり合いを知る。それが稽古です。
　思いやり、心遣いとしごく当り前に語られますが、これは大変な言葉です。相手の立場に立って考え、相手の立場を知って行動する。たいせつなことです。武道的に表現すれば入身でしょう。真実全き相手になりきった時、勝つも負けもなくなる一体の境地が得られるでしょう。相手と共に生きる。それが極意ではないでしょうか。人はすべて同根同気であることを本当に知る。体得する。そこまで稽古すべきです。
　肉体の訓練に始まって精神に及び、ついに霊肉一致、心身一如、自他一体の状態を体得する。それが本当の稽古です。
　本書では、初心者のためにまず肉体的な訓練に重きを置き、稽古の初歩を述べてみたいと思います。体が変化すれば、それに伴って心も変化する。緊張してコチコチに固くなった体では、柔軟にして円満な心ではあり得ないということを、身を以て知ることです。そのためには具体的にどうするのか。過去の稽古の様子から現在の稽古に至るまでを、その形、考え方の変化の次第を述べつつ、解明していきたいと思います。
　稽古をするに当っては、初心者は特に、先輩の言を素直に受入れ、私見を挟まず、言葉どおりに具現するように努めることが、最も肝要なことです。批判は後のことです。何しろ初心者なのですから。
　心構えとしては、現在の自己のベストを尽すことがたいせつです。固い柔らかい、形のよしあしを度外視してもよいのです。それがありのままの自己なのですから。そして、どうしたら最高の自己を発揮出来るか、どうしたら最強の打撃力を打ちこめるかを追求するのです。そして自然に、柔らかく美しい形の攻防の技が、本当にきくことを身を以て知ることです。理屈批判は後と知るべきです。次に老師のお言葉を通して、私のこの四十余年の変化を述べて、参考に供したいと思います。「空手に先手なし」、この言葉を私は四十余年前に、船越老師から聞きました。考え方で、これほど言葉は意味内容が違うものだろうかと思うほど、言葉はたいせつなものです。当時先生は「絶対に、先に手を出してはいけない。止むを得ない場合に、初めて手を出す。それも受け止めるだけで、いやしくも殺傷するようなことがあってはならない。ただ決めの手は腰にとって、どう

しても争いをやめないならば、この手がものをいうぞと、ただたしなめればよいのだ」と、そんな意味のことを言われたと記憶しています。

　これを聞いた私ですが、当時まだ20歳前の血気盛んなころです。内心ひそかに「何をこのおやじ、道学者みたいなことを言って、もっと本当のことを教えてくれればいいじゃないか」と不服に思ったことでした。まあ年齢のせいで、若者の血気を押えるために戒められたのであろう。そんな軽い気持で自分流に納得していたものでした。その後いくらか腕もあがり、何となく自信めいたものが出来たころには、後の先をとるのかな、と考えるようになりました。先んずれば人を制すという言葉があり、攻撃は最大の防御なりという言葉もある。それなのにどうして先手なしなんだろうと、迷いに迷ったものです。

　いくらかの闘争の経験と増上慢が加わって自己流に考えた末、やっと結論を出しました。絶対に先に手を出さない。ぎりぎりまで我慢する。そして、ここぞと思う時に思いきって手を出す。手を出したら必ず相手を倒す。そういう意味で、絶対に相手に手を見せないということだと。そこで当然のこととして、空手の稽古をしているということも、秘しておくべきであると考えるに至ったわけです。もう30歳に近かったでしょう。

　若いころ、人様に「空手の稽古をした」とか、「……している」ということを、絶対言わないようにしたのは、決してゆかしい心根からではなかったのです。常に闘争心を燃やしながら、手を出したら一撃だぞと、内心誇らかに思っていただけの、いやしい根性の持主だったのです。傲慢不遜な男だったといってよいと思います。そんなことですから、隠すより現るです。随分いやな男と思われたろうと、今にして思えば、ただ恥入るばかりです。

　また「礼に始って、礼に終る」という言葉もよく聞かされました。礼は礼儀の礼であり、礼を厚くするの礼でもあり、また敬礼の礼でもあります。礼は型であるともいわれます。形、型です。武道一般について言われていますが、空手もまたそうであるべきです。

　型は、その内容の攻防の技を通して、一つの人間像を表現するもの、形は心の現れで

船越義豪師

あります。本当にお辞儀の出来る人は少ないと思います。本当にお辞儀が出来るようになったら、武道家としてもいちおうの線までいった人だし、人間としてもすばらしい人だと思います。近来、そういう意味で、お辞儀の出来る人にはめったに会ったことがありません。

　稽古として、そのことを真剣に考えてもらいたいと思います。本当にお辞儀をしている人は、切ろうにも切れないし、突こうにも突けないものです。見た目にはスキだらけでも、本当は充実していて、どこにもスキがないのです。それがお辞儀の姿です。心です。今日お辞儀といわれるものは、ほとんど四角張って固苦しい姿の「構え」です。お辞儀などといえるものではありません。

　型を演武する時の状態も、全くそのとおりでなければなりません。傲慢も卑屈もいけません。ただありのままの姿、それでよいのです。初心を忘れず、謙虚に、素直に、清らかでありたいものです。

　心のこもらない形だけの礼は無意味であり、形を伴わない心だけという礼もありようがないと思います。心に応じて何等かの形は現れるものです。

　「礼に始って、礼に終る」。この言葉は、そういう意味で、深く味わってみることです。

　稽古に志して初めは誰でも、強く強く、さらに強くと思うのは当然のことです。命がけで、本当に命がけで死生の間をさぐり、死生を見極め、そして死生を越えた、全く予期しなかった状態になっていることに気がつくでしょう。全くやさしい姿になっているのです。能ある鷹は爪をかくすと言いますが、己れに能があることすら忘れ去った状態になると思います。そこまで行きたいものです。私自身もやっとそれに気がついたばかりです。

　「自然に逆らわず」。この言葉も老師がよく口にされ、揮毫もされたものでしたが、この言葉も深い意味があるものであり、現実に稽古に表現して会得することがたいせつだと思います。自然といっても、その意味内容はいろいろです。太陽も月も星も自然です。山川草木も自然です。人間もまた自然と言えましょう。存在そのものも、その動きも自然です。春に花咲き、冬枯れるのも自然。人間が生れ、成長し、年老いてやがて死ぬことも自然です。いかに逆らっても、どうにもならないことです。地水風空、それもまた自然、その自然の動きから学ぶことも多々あるはずです。私達の動きにも、もちろん自然の動きがあるはずです。この自然の動きを会得する。そして自然に動く。それを究明することが稽古ともいえるでしょう。具体的にどうするか。あるいはまた消極的に、どんな動きが自然に逆らった動きであるかを、一つ一つ見極めていってもよいでしょう。あるいは人間の、自然に与えられた力が、能力がどんなものであるかをさがすのもよいでしょう。いつの間にか忘れ去っていた能力、何かによって妨げられて、かくれている人間の本来持っている能力、そんなものを知る必要があろうかと思います。火事場の働き、洪水に遭った時に発揮される思いがけない力、そんなものが究明の一つの端緒にもなろうかと思います。精神を統一して発現する超能力といわれる力、念力、法力といわれるもの、そんなものも元来人間の持っている自然の力だと思います。現在の人間がいつの間にか忘れ去り、あるいは与えられていることすら知らないでいる自然の力、そんなすばらしい力、

未開発の能力を、一つでも開発することが稽古であるともいえましょう。

　相手の動きに対して、逆らわないで、抵抗しないで、いっしょになって動く。そこに何が生れるか。それはやってみなければわからないことです。自他一体の境地を知れば、相手に突こうとする意志が動いた時、こちらの体が自然に動く、しかも相手の動きに逆らわない、本当の自然の動きを会得するでしょう。そのように動いた時、動けるようになった時、今までとは全く違った世界、状態が生れるでしょう。自他一体となって、自然に逆らわず同時に動く時、先手などないのです。「空手に先手なし」という言葉は、そんな状態にならなければわからない境地ではないでしょうか。稽古相手に対して、謙虚に感謝の心を以て対する。それが礼であり、その心がなければ、本当の稽古は出来ないといってよいでしょう。ぶっ飛ばして、たたきのめして"ざまあ見やがれ"などという卑しい根性があっては、到底このすばらしい境地には至り得ないものです。

　怒り、憎しみ、恐怖心、そんなものを捨て去ることが、本当の稽古です。殺意、敵意など全くあってはならないことを、身を以て知ることです。殺意、敵意とはいえないまでの、ほんのささやかな抵抗も、対立も、感得するものなのです。それが本当の自他一体の境地なのです。この状態になれば、相手の心の動きに応じて、こちらの体が自然に動く。そんなこともわかってくるのです。具体的な稽古としては、相手と自分との間に、いささかも抵抗対立するものがないように、それも肉体的に精神的にそうなることを心掛けることです。いろいろ工夫してやってみること以外にありません。

　60歳を過ぎたら、本当の稽古は出来ない。まだ40歳を過ぎたばかりのころ、そんな言葉を聞いたことがありましたが、実のところ何のことかわかりませんでした。今、その年齢になってみて、何となく思い当るところもあります。体力の衰えはいかんともし難いところで、自分勝手な、気ままな動きになりがちですし、若い人と共に、同じような稽古とはいかないようです。

　生来ひ弱であった私が、懸命に鍛練することによって、腕力には相当の自信を持つようになり、強くなりたい、あくまでも強くありたいと念じて、飽くことなく練磨を続けてきたのです。たびたび患った病気も、すべて練磨した肉体的、精神的な努力によって克服してきました。「もう後1年はもたない」と宣告された肺結核すら、猛烈な練磨によって切り抜けたのです。もっともそれは20代半ばの、若いころだったから出来たともいえましょう。不羈奔放に、世の中を押し渡るのだと傲慢に構えていた私でしたから、思いきりの無茶もやりました。学校を出て、放蕩無頼の生活から、役人生活、会社員、自家営業と、職業も転々として、二十数種を数える位です。いろんな社会生活の経験も、自動的他動的にやってきました。そんななかで、どうしてか稽古だけは続けてきたのです。なぜそうしたのか、自分でもその理由はわからないのですが、とにかく執拗に飽くことなく続けてきました。

　ふり返って考えてみますと、社会生活の場が変ると共に、また年齢を重ねるに従って、徐々に稽古の形、内容も変化してきたことも否めません。

　40歳を過ぎるころ、やっと本当の稽古は単純な闘争の技の練習ではないとわかり、それこそ本当に徐々にではありますが、本質を見極めようとする心が生れてきたように思

います。四十二、三歳のころだったと思いますが、友人と酒を飲み、何かのはずみで、いわゆる地回りという連中に取囲まれるような破目に陥ったことがありました。その時、とっさに相手の陣立てといいますか、配備といいますか、10人ばかりいたと思いますが、彼らの様子を一瞬見渡し、どこをどう突破り、どう処理するかを考えました。しかし、待てよ、いい年をしてここで争いを起し、勝っても負けても、名誉になることではないし、かえって恥かしい思いや、いやな精神的なしこりを残すだけだと思い直したのです。以前なら、こんな場合、必ず機先を制するとばかりに、先手先手と攻め立てて大暴れしたものでした。でも、ちょうどそのころ、稽古に対する考えが変化しつつあった時でしたから、ハッと思い直したのです。どうしたら双方傷つかずに、結末をつけることが出来るかと。そして、そのとおりにやってのけたのです。その時やっと、私は闘争の世界から足を洗えたと思います。まだまだ若い者に負けていられるかという、血気のようなものもありましたし、事実、腕力にもいささか自信があったのです。

　その直後位でした。胃の摘出手術をすることになり、1年おいてさらにまた開腹手術というわけです。自信を持っていた体力、腕力も、がたがたに崩れ、稽古ももちろんですが、生活そのものも根底からゆさぶられることになったわけです。最も暗澹たる状況に沈んだのです。そんな時、ふっと思い出したのが「老幼男女誰にでも出来る稽古でなければならない」という老師のお言葉でした。本当にこんな体で出来るかどうか、試してみようと決心しました。方法いかんでは出来るという自信もつきました。そんなことがあって初めて、稽古に一生をかけてみようという決心も、覚悟も出来たのです。しかも誇りを持って。

　さらにそれから10年を経て、今度は突然心臓発作に襲われたのです。倒れて、死生の間を彷徨いました。そして蘇生したのです。その後の三、四年は、全く薄氷をふむ思いの毎日でした。もちろん体力は完全に衰え、腕力を用いての稽古など、思いも及ばないことになってしまったのです。しかしこの間に、本当に大事なことを、稽古の要訣とでも言えるようなことを教えられたのです。それも、若い人々との交わりにおいてです。体と体のかかわり合い、体と心の関係、心と心の交流、そんな貴重なものを体験として知ることが出来ました。これこそが、技とも術ともいえるものだと教えてもらったのです。

　今60歳を過ぎて、完全に体力をなくした人間が、その四十数年の稽古歴をふり返って結論的に言えることは、老師の教えのとおり、老幼男女誰にでも出来る、それが本当の稽古であり、またそうでなければならないということです。なお、社会生活と稽古とのかかわり合いを言うなら、稽古即生活、生活即稽古ということです。

　若い人々と交わりを深めながら、生ある限りいつまでも、精神的にでも若くありたいと念じ、肉体的にも軽い柔軟体操からやり直して、徐々に若返りたいと思っています。

　最近、初歩的なことでの、意見の不統一があるようにも聞きますので、いちおう私見を述べて参考にでもなればと思い、まとめてみることにしました。たたき台として大いに検討され、稽古に励まれんことを切望します。

　　昭和52年1月

江上 茂

柔軟体操と正座

第1章　柔軟体操と正座

柔軟体操

　練習、稽古に入る前に、普通、柔軟体操を行います。従来は準備運動と言っていました。柔軟体操といっても、決して軽視すべきものではありません。従来やってきた準備運動は、ややもすれば緊張して、固くなって、むしろ筋肉作りに重点をおいたような、むりやり手足を開いたり、伸したり、曲げたりという運動になりがちでしたが、それはあまり感心しません。柔軟体操は考え方、やり方を変えれば、そのまま稽古といってよいと思います。現に世間では、そのほんの一部を訓練することで、立派に一家をなしている人もあります。それが健康法であり、若返り法であるからです。ストレスの解消にもなり、精神の統一、集中ということにもつながります。固くなった筋肉をほぐして、軟らかくすることは、そのまま老化を防止し、すべての肉体の機能を若返らせることになるのです。それは固くなった頭をも解きほぐして、柔軟な頭の働きをよみがえらせると思います。

　ところで、最初に、練習、稽古と続けて書きましたが、この言葉の意味あるいは内容のニュアンスの違いを、私なりの考え方によって述べておきたいと思います。練習とは文字どおり練り習うことであり、精神内容が全くないとは言いませんが、どちらかと言えば、肉体の訓練に重きをおいたものと思います。そして稽古とは、古（いにしえ）を稽（かんが）える、つまり古人先哲の教えを考えて実践する、真理の追求という意味もあり、どちらかと言えば、精神的なものに重点がおかれていると思います。したがって、世間で一般に使われている、稽古事という言葉も、よく考えればわかると思います。空手の練習でなく、空手道の稽古であってほしいものです。

　さて、運動、体操の種類はたくさんありますが、従来やってきた体操以外でも、体の各部分、関節、筋肉、腱などを柔軟にするための運動であれば、何をやってもよいと思います。今ここでは、昔から現在まで行われてきたものを、思い出すままに書いてみましょう。

両脚をそろえて、つま先を立てる　　　　　　　　　背筋を伸し、ひざを曲げないように注意

1　座って両脚をそろえて前に出し、上体を前に倒す。上体が充分に倒れて脚に胸がつくようになるまで練習を積む。この時、ひざを曲げないように注意すること。

2　前後に脚を開き、尻が床に着くようにする。この時、ひざが曲がらないよう留意する。それが出来たら、上体を前に倒し、両手で前足をつかむ。前後の脚を替えて行うこと。

3　両脚を左右に開き、片脚は充分に曲げて、かかとを床にぴったり着け、片脚は真横に真直ぐに伸す。尻を充分床に着くまで落し、上体を伸した脚の方向へ倒す。次に伸した脚と反対側の手を、頭を越えて伸した足のつま先をつかむ。または両手で伸した方の足を握るのもよい。ひざを曲げないこと。脚を替えて行う。

前後に開き、上体を前脚の方向に向ける

上体を前に倒し、両手で前足をつかむ

つま先を立てて、ひざを伸す

上体を伸した脚の方向へ倒す

頭越しに足のつま先をつかむ

正面を向いて、両脚を出来るだけ開く

胸と腹が足にぴったりつくように曲げる

頭越しに足のつま先をつかむ

上体の力を抜き、胸と腹を床につける

4　横開脚の姿勢をとる。出来るだけ真横に開ききれるまで、さらに両足が尻の位置より高くなるまで練習を積む。練習によっては柔らかくなるものである。こうして、なるべく脚を横に開いた姿勢で、上体を横に倒し、前に倒す。前に倒す場合、両手を伸して前へ出し、まず頭を床に着けるようにし、次に胸を着け、さらに腹が着くまで練習する。横に倒す場合もいろいろ工夫する。

5　横開脚の姿勢から、両ひざを曲げて、両足の裏を合せ、かかとが会陰部に着くところまでもってくる。この時、背筋を真直ぐに、ひざは床に着いていなければならない。初め着かない人が多いが、徐々に練習を積んで着けるようにしなければならない。両手で両ひざを押えるようにすればよい。さらにその姿勢で、上体を前に倒す。両手を伸して、思いきり前に倒すように練習する。

背筋を伸して足の裏を合せる　　力を抜いて上体を前に伸す　　両手を思いきり伸す

6　前に伏せて寝る。両手で両足を握り、頭を上げ胸を反らし、両足を持上げる。練習を積むと、足が頭に着くまで反るようになる。

7　両ひざをそろえて座り、上体を後ろに倒す。両手は体の側面におき、両ひざが離れないようにする。

8　片足を軽く後ろに引いて立つ。この姿勢から、後ろ足を前に振上げる。ひざを曲げないでしっかり伸したままで、ひざが胸に着くようになるまで行う。初めゆっくり行い、次第に弾みをつけてやるとよい。左右脚を替えて行う。

9　両足をそろえてひざを曲げ、体を落す。この姿勢から、勢いよく立上がり、立上がる勢いに乗せて蹴る。蹴り方は、ひざを持上げるようにして、ひざから先を飛ばす気で高く上げればよい。蹴ったら元の姿勢にかえる。この動作を左右交互に行う。

両手で足首を握り、胸を思いきり反らす　　両ひざをそろえ力を抜き、腹式呼吸をする

脚の振上げ

10　両足をそろえて立ち、ひざを軽く曲げる。この姿勢から、片足だけで連続して、出来るだけ速く蹴る。左右交互に練習する。

11　双蹴り。両足をそろえて、ひざを曲げ体を落す。足首、ひざ、腰のバネを充分きかせて、思いきり飛び上がって、両足同時に蹴る。その時、飛び上がる弾みを利用するとよい。前へ蹴るだけでなく、両足を同時に横に開いて蹴る練習もするとよい。

腰を低くして

立ち上がりながら

高く蹴上げる

ひざを軽く曲げて、体を楽にし

片足だけで連続して速く蹴る

双蹴り（本文11）

飛び上がってひざをかかえ込み

両足同時に蹴る

腰を落として

または両足開いて蹴る

兎跳び（1）

ひざを開いて

腹を前に出す

元の姿勢に

12　兎飛び。いろいろ飛び方がある。まず足首を固定して、ひざと腰のバネで飛ぶ方法、次にひざをそろえて、足首もひざも腰も、全部のバネをきかせて飛ぶ方法。さらに、ひざを開き、腹を突出すようにして、腰で飛ぶ気持でやる方法もある。いろいろ工夫して、3キロや5キロは続けて飛べるようになってほしいものである。手をひざに当ててやることもあるが、出来るだけしない方がよい。手とひざで変に突っ張り合って、結果はあまりよくないようだ。出来るだけ手を後ろに組んでやる方がよい。出来るか出来ないかは、気持の問題である。もう駄目だと思えば、すぐ駄目になる。やれるだけやってみようと、軽い気持でやるとよい。入門して1週間位の人で、5キロ続けて飛んだ人もある。

13　反り飛び。兎飛びの時のように、低い姿勢から、手足を思いきり伸し、腹を出して、体全体を充分に反らして、思いきり高く前へ飛ぶ。飛び終ったら元の姿勢にもどる。大いにのびのびとやるとよい。

　このほかにもいろいろありますが、ヨガの逆立ち、つまり一点倒立をやるのもよい

兎跳び（2）

ひざをつけて

腰を持ち上げ

高く飛び

元の姿勢に

反り飛び（本文13）

腰を落とし

手は前を通して上げる

正面から見た場合

でしょう。これらの運動をやる場合、すべてについて言えることは、体全体を柔軟にすることを忘れないでほしいということです。具体的には、いっさいの力みを捨てて体の緊張をほぐすことです。心の緊張を解くことです。それには呼吸を止めないということが、いちばん肝心なことです。

　固くなった体をほぐすわけですが、初めは誰でも痛いのです。痛いと思うと緊張します。固くなります。固くなった筋肉や関節を無理に伸そうとして、その痛みにひっかかって、かえって固くなるという結果を招く、そんなことになりかねないのです。痛いのを我慢して「ウム」と呼吸を止めたり「クソッ」と頑張ったり、無理をしてはいけません。要はゆったりした気分になり、心の緊張をまず解くことです。少々痛くても下手に力んではいけません。無理なく徐々に柔らかくするつもりで、自分の体に聞きながらやってみることです。案外スムーズに出来るものです。

　元来、人間の体は柔らかいものです。本当に固くなって、呼吸が止った時、それは死です。とにかく楽な気分でやることです。

　これらの柔軟体操は、独りでも出来ますが、大勢いる場合は2人ずつ組んで、号令で行い、片方は助手になって、研究しながらやることです。所要時間は30分位

ヨガの逆立ち

両肘と頭を床につけ

体重を移動し

静かに足を上げ

床に垂直に立つ

２人で組んで行う柔軟体操の例（補助者は相手の身になって、補助をし、決して無理をしない）

と思えばよいでしょう。だいたい10回ずつ位というところでしょう。

　入門当時、柔軟体操が終ったら、稽古が終ったと思い、ほっとしたと述懐した若い人もありました。その位、内容も豊富だし、大変な運動でもあり、立派な練習、稽古といってもよいと思います。

　全身をほぐす運動として「棒くぐり」と称している体操があります。１本の棒きれがあれば、独りでどこででも出来るから便利です。これも実施するに当って、力むことが最も禁物です。静かに楽な気分でやることです。

　まず、手の甲を上にして、適当な幅をとって、両手で棒を前に持つ。つまり、普通に両手でつかめばよいわけです。初めは、やはり両手の幅を肩幅より大分広くして持った方がよいでしょう。やりやすいし、無理をしないようにするためです。次にその手を、ひじを曲げないで頭の上へ上げる。ここまでは誰でも簡単に出来るはずです。

棒くぐり（本文1）

手の甲を前に棒を持ち

そのままひじを伸ばして上に

握りかえずに、後ろへ下ろす

　さらに頭の上から後ろへ下ろすわけですが、ここが難しいのです。要領としては、肩の力を抜いて、ズーッと持上げるようにしながら、徐々に後ろへ下ろすわけです。これが出来たら、同じ要領で、逆に後ろから前へもどすわけです。弾みをつけて一挙にグッと後ろへ回すやり方は、なるべくしない方がよいと思います。力んで肩をこわす恐れがあるからです。楽に出来るようになったら、だんだん手の幅を縮めて練習します。これだけでも、心と体の関係がいかに重要かということがわかります。この運動が出来るようになったら、次に全身の運動を行います。

上図の背後

14　両手で棒を前に持つ。右足を上げて、右手の右横から棒を越えて左横へ持って行き、さらに棒を越えて、左右の手の間にその足を下ろす。

15　左手をひじを曲げないように注意しながら、頭を越して後ろへ回し、さらにズーッと下ろして尻を通り越す。この時体を縮め、肩の力を抜くことです。

16　左脚の後ろひざのあたりに棒は来ているから、この左足を上げて、前から後ろへ抜いて下ろす。この時、手は内側へねじれた形になり、棒は体の前にあるわけです。
　ここまで出来たら、今の順序を全く逆にたどって、元の姿に返る。左右同じことを繰返し練習して下さい。

　次に棒を体の後ろに持って始めます。持ち方は、手の甲が後ろの方向へ行くよう

棒くぐり（2）

手の甲を前に棒を持ち

右脚を右手の上から

頭上を越して

握りはそのまま、背後を通し

右脚を棒を越して後ろにもどし

同じく左脚を棒を越してもどす

にします。先ほど述べたやり方で、ひじを曲げないで棒を前へ持ってきます。これも前後に練習することはもちろんです。さらに前に持ってきた状態から、次の全身運動"棒くぐり"を行うわけですが、今度は前に持ってきた時に、既に手がねじれていますので、ちょっと痛くてやりにくいようですが、それほどのことはありません。要領は先ほどと全く同じです。

最近読んだ本で、野口三千三氏著の『原初生命体としての人間』というのがあります。従来の体操理論を根底からゆるがすもののようです。しかし、単なる体操の本でなくて、

棒くぐり（3）

ひじを伸ばしたまま頭上を越えて

そのまま前に下ろす

哲学を含んだものであり、しかも科学的に理論的に、かつまた実際に即して、わかりやすく生理、解剖学的な配慮をしつつ説明してあります。私などが下手な説明をするより、充分納得がいくことと思います。呼吸法のこと、体と心の関係なども解明されています。稽古全体に対しても、大変勉強になるものです。是非一読をおすすめします。

正　座

　稽古を始めるに当って、まず初めにつき当る問題は、正座ではないでしょうか。最近の若い人のほとんどが、正座というものを経験していないようです。小さい子供の時から、食事をするにも、勉強をするにも、正座はしないもののようです。生活がすべて洋式化してきたのですから、仕方がないといえばそれまでですが、ひどい人はあぐらもかけないようです。

　正座も大変重要な稽古であるということを知ってほしいと思います。否、正座もではなくて、正座こそと言いたいのです。正座に関しては、いろいろ参考になる書籍も多く出ています。大いに参考にされるとよいでしょう。

　学校などで、正座を下級生をいじめるための手段だと思っている人もあるようです。とんでもない間違いです。そんな考えだから、卒業するまで、いや、卒業しても、本当の正座を知らない人があるわけです。たいせつな行であることを知ってもらいたいものです。仮に罰としてやらされる正座であっても、やらされる方が本気でやれば、それはそれで大変な行であることに気がつきます。しかし、まあそんなことは万に一つもあり得ないと思います。懲罰としての正座など、早速止めてほしいものです。たいせつな事を一生わからずに終ることにもなりかねないのですから。

　正座は、静座とも言えるし、清座の意もあるといってよいでしょう。正しい形で、心静かに、清々しい場所で、清々しい気持で座ることがたいせつです。正しい姿で、静かに、本来の自己と対話することでもあるのです。

　道場で、ひざを開いて座ることはよいのですが、場所柄もわきまえず、どこででも同じ形で座ることはいけないことです。形によって内容も変るものですから、重々注意すべきです。思いきりひざを開く、出来るだけ開いてみる座り方から、ひざを合せて座るところまで、自分で試みてみると、そのことは、はっきり理解出来るはずです。説明はあえてしません。自分で体得するまでやってみることです。

　重要な点は、背筋をスッキリ正しくすることです。うつむき加減になったり、あごが出たりするのはいけません。それに、どこにも力みがあってはいけないのです。頭の頂にひもをかけてつるしたような気持で、背骨をスッキリ正しくすることです。自然に鼻の頭と、へその線が垂直になるでしょう。形はそれでよいのです。後は心の問題です。静かに清々しい気持で座ることです。清々しい気持になるためには、清々しい場所も必要です。人間ですから周囲の状況に捉われるものです。まず場所を定めたら、静かに正しく座ります。目はつぶらないで、細く開いておいた方がよいようです。眠ってはいけませんから。1メートル位前方を、凝視しないで、見るともなく見るということでもよいでしょう。そして、変な表現ですが、外を見ないで、自分の内面を見るようにします。自分を見つめるというのでしょうか。いろいろな方法がありますが、とにかく座っていろいろ試みることです。外の一点を凝視するという方法も、むろんあります。内観法もあります。いずれにしても、気が散ったり、雑念がわいて落着かないから、落着かせるために、一点を見つめたり、息を数えたり、観念法をとっ

正座の基本形

ひざを左右に大きく開いた形

上図の側面

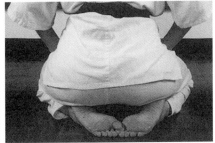
親指を重ねる

たりするわけです。どんな方法でもよいのです。雑念妄想が起ってもよいのです。そのことに捉われない方がよいと思います。座っているうちに、雑念も妄想も、起っては消え、また起っては消えして、流れて行くものです。捉われなければ、いつか静かになり、すばらしい清々しい境地になるものです。1時間位は座っていられるようになって下さい。

基本

第2章　基　本

　基本という言葉の意味を純粋に考えますと、大変難しいことになりそうです。稽古のすべてが基本とも言えましょうし、グッと縮めて二つか三つにもなりましょう。またもっと凝縮して、たった一つにしぼることも出来るでしょう。今は、そう固苦しい言葉の意味を追究することは止めましょう。

　空手が始って、今日まで踏襲してきた練習方法として、基本、型、組手という名称があります。型の中から適宜ひき出して、最も使いやすいもの、あるいは非常に難しい動き、形を、基本的なものとして練習する。そんな意味に解釈しておきます。考え方としては、本来次のような配列になるのが当然ではなかろうかと思います。

型　┬─基本　型の中から選出した形、動きを基本的に訓練する。
　　└─組手　型の中の技を、実戦的に相手を立てて練習する。

　柔軟体操、正座その他は、付随的に稽古の助けとして行うものといってよいかもしれません。しかし、ここでは現在まで行ってきたとおりの順序で、いちおう説明してみます。

　さて、従来やってきた準備運動についてですが、その準備運動という言葉には、ちょっと抵抗があります。「柔軟体操」か「柔軟運動」というべきではないかというのが私見です。準備運動といえば、何かのために準備する運動で、空手道の稽古のための準備という意味にでもなるのでしょうか。従来、各種のスポーツ、武道において、準備運動、終末運動、あるいは整備体操というように言われ、行われてきました。空手道においてもそれは同じだったと思います。実際には、そんな考え、指導方法は、いつごろ始ったものでしょうか。全く判然としません。私達が始めたころでも、今のような形式はなかったものです。何となく手を振回したり、脚を伸したりして、至極簡単にやっていたものです。ただ、手の方はまあそれで、よいとして、脚の方は従来あまり使用したことのない筋肉を使い、激しい動きをするものですから、時折筋を痛めたり、肉離れを起したりして苦しむことがあったりで、稽古に入る前に、時に留意して動かしたことはこれまた事実です。

　それも実は当時の稽古方法の然らしめたところだったわけです。体をカチカチに固めるような練習をしていたわけですから、いきなり筋を伸すような動きをすることは、当然無理なことだったのです。そう考えますと、準備運動という言葉も、考え方も当然だったともいえそうです。

　しかし、私としては、当時から既にその言葉には抵抗を感じてきたものです。実際の戦闘、闘争という場合に、ちょっと待て、準備運動をするからというわけにいかないものだし、実戦を前提にしてこそ、練習があり稽古があるわけですから。大きく見ると、稽古そのものが準備運動のはずです。

　稽古の方法も逐次変化し、体を固くすることからすっかり変って、柔軟に柔軟にというよ

うになってきたのです。突然のいかなる事態にも対応出来るように稽古をするわけですから、体的な障害が起るはずがないのです。

　極論すれば、柔軟体操すら行う必要はないとも言えましょう。しかし実際には、生活環境の変化もあって、いつの間にか人間の体も固くなっていて、なかなか柔軟に動けなくなっているのが実状です。そこで稽古の一助として柔軟体操を行うわけです。

　柔軟体操には柔軟体操としての効用があります。

　いかにすれば、固くなった筋肉をほぐして柔軟に出来るか、どうすれば柔らかく動くことが出来るかと、種々工夫して行くうちに、筋肉の動きと呼吸とに密接な関係があることがわかり、さらに心と体とがまことにデリケートなかかわりを持っていることもわかってくるというわけです。

　心を静かにやさしく柔らかく保持していれば、体も自然に柔らかくなり、逆に体を固くしていれば、心も頭も固くなることも、だんだんにわかってくるものであり、さらに心を静かにして、静かに長く息を吐きながら動けば、自然に体の動きも、体そのものも柔軟になってくるということがわかるでしょう。

　柔軟体操そのものにも、そのような効果があり、老化して固くなった筋肉を柔らげ、さらに硬化する頭まで若返らせるといえるでしょう。

　そんなわけで 、準備運動という言葉は当らないと思います。当然柔軟運動、あるいは柔軟体操と言うべきでしょう。

　型が中心であり、いかにたいせつなものであるかが、わかってもらえると思います。ついでながらつけ加えておきます。

立ち方

　技の変遷などというと、いささか固苦しくなりますが、私が稽古を始めて四十余年、その間に少しずつですが、「立ち方」も含めて基本も、型も、組手も、いろいろ変化したものです。ふり返って、思い出すままを綴ってみましょう。

　まず、大ざっぱに言って、昔は全体として固く、そしてその姿勢は高かったと思います。初めのうちは、ほとんどつっ立っているようなものでした。その後、低く低くと言われて、だいぶ低くはなったのですが、筋肉を固める関係もあってか、今よりはずっと高かったように思います。さらに最近のように、不必要な筋肉の緊張を解くようになってから、本格的に低い姿勢になったわけです。「そんなに低い姿勢で、実戦の場合存分に動けるか」という問いが出されるでしょう。まことにもっともな質問です。しかし、これは基本的な訓練で行うものです。そのためにこそ、日ごろは低く低く、自分の能力の限界まで落して行うのです。やれば出来るものです。限界まで低く落しても動けなければいけないのです。初めから批判的に客観的に見て、そんなに低く落すことは無理で、実際の場合、役に立たないなどということは全く素人の言です。

　精神的に言っても、そんなことでは稽古の心構えが出来ていないと言うべきです。「こうしろ」「 ああしろ」と言われることは、何等かの根拠があっての言です。素直にやるべきで

す。素人が初めから私見を立ててみても、それが何になるというのでしょう。難しいことだと思っても、やってみる。案外やさしく出来ることもあります。

　また練習を積んでいけば、自然にいつの間にか出来るようになるものです。つまり、可能性の発見ともいえるでしょう。私見を捨てて言われたとおりに行う。この"私見を捨てる"ことがたいせつなことなのです。自我に捉われている間"本もの"は全く見えないものです。自我を捨てる第一歩として、基本訓練の時から、指導者の言に素直に耳を傾け、実行することがたいせつです。何でも無批判に盲従する、そんなことを言っているのではありません。練習を積んで行くに従って、どうしてこうするのか、なぜこうしなければならないのか、と考えることです。それが稽古というものでしょう。話がわき道へそれたようですから、このへんで本筋へもどしましょう。

　元来立ち方一般として、特に練習することはなかったのですが、いちおう変化の相として説明しましょう。

　立ち方も、昔は、閉足立、八字立（逆八字立）、前屈立、後屈立、猫足立、騎馬立、それに参戦（さんちん）立といったものでしたが、今は不動立、四股（しこ）立が加わり、昔やっていたような前屈立は練習しなくなりました。

　後屈手刀受けも、昔は真横受け、立ち方も真横だったものですが、今は半身です。若先生と老師の大論争の結果、実戦向きであるということでそうなったのです。

　ともあれ、いっさいが実際の格闘に役に立つかどうかということで考察され、決定されたものです。

　実戦を想定して、あらゆる場合に対処し得るような体を練上げることが第一、第二には、一つ一つの動作が本当にきくかどうかということで、鍛練されたものでした。

昔の八字立

現在の八字立（力まずゆったり）

今はさらに闘争を越えて、彼我一体の境地をさぐろうということで稽古するわけですから、もっともっと変化するでしょうし、変化しつつあるわけです。こんなことは考えられないでしょうか。つまり闘争のぎりぎりを見つめて、一つ一つの技を磨く。柔軟にして強靭な体を作る。そのことが、柔軟にして強靭な心を養うことに通じ、心身一如の集中の技となり、彼我一体の境地に入り、闘争対立を越えた世界を知るということになるのではないでしょうか。

　また横道へそれたようです。写真を参照しながら、変化した立ち方を捉えてみましょう。

八字立

　両脚を軽く開き――肩幅の程度――足先を正面に開いたごく普通の立ち方です。自然体とも言います。簡単に"ごく普通に"と言いますが、考え方によっては、大変難しい立ち方です。この立ち方がすべての立ち方の根本とも言えましょう。したがって他の立ち方は、すべて変化であるといって差支えないのです。自然体、つまり自然と一体になった姿、宇宙と一体の姿勢と言ってもよいでしょう。相手が立ち、そして変化することによって、こちらも千変万化する。そんな立ち方です。その変化の一時的な姿、形、ポーズといったようなものが、前屈立、後屈立、騎馬立、その他もろもろの立ち方です。そこで、他のすべての立ち方というのは、瞬間的な形といった方が妥当かもしれません。しかし、自然体から移行するもろもろの姿であったとしても、初めからは、なかなか思うように動けませんし、形もそのようになれるものでもありません。そこで、予め低い姿勢でそれぞれの形を、立ち方として訓練しておくというわけです。

　自然体というからには、本来どこにも力みがあってはいけないはずです。昔は出来るだけ

閉足立

昔の閉足立での礼

体を固くしめて、力んで立ったものでした。つまり自然体でなく、固く緊張した、いわゆる身構えた立ち方だったのです。

　今の立ち方は手足はもちろん、ひざ、腰、腹、肩、どこにも力まないよう留意しなければなりません。柔らかに静かに、ただ大気の中に溶けこんだように立っている、そんな姿です。こんな言葉があったと思います。「心静かに、気は速く」と。心はあくまで静かに、気は八方に遍満していなければなりません。気は速くというと、何となくキョロキョロしますから、気は遍（あまね）くといった方がよいかもしれません。そんな立ち方なんです。相手に応じて変化し、そしてまた元の姿に返るのです。そんなわけですから、いっさいの他の立ち方は、一時的瞬間的な形に過ぎないといってよいでしょう。

　ただいかなる変化にも応じられるということですから、他の立ち方も充分訓練しておく必要があることはもちろんです。

昔の騎馬立

足先を開き　　1 足先を軸にかかとを開き　　2 かかとを軸に開き　　3 足先を軸として両足裏を平行に

閉足立

　自然体から、静かに両足を閉じてみて、この立ち方が何を意味するか、心静かに味わってみることです。

　もちろん、昔は固く緊張したものでしたが、今は柔らかいほどよいのです。

騎馬立

　かかとをつけ、足先を開いたところから、写真のように1、2、3と開いた幅で、ひざを足の親指の方向へ曲げる。重心は体の中心から真下に落すようにする。

　昔はこの形で、思いきりしめあげて、体全体を固くしたものですが、今は全く違います。ただ出来るだけひざを曲げて、しかも不必要な力はいっ

騎馬立の側面

51

さいいれないことです。むしろ力はいれないという気持の方がよいでしょう。脚の鍛練、特に足首を充分曲げることに重点をおき、上半身はゆるやかに、自然に保つことが必要です。

昔はしめあげることに重きをおいたので、疲れてくると姿勢が高くなりましたが、今は逆で、疲れてくると落ちてしまうわけです。

四股立

騎馬立の時と同じ足幅で、足先の方向が完全に真横に向くように心掛けることです。背筋を真っ直ぐに腹を出して思い切りひざを曲げて姿勢を低く落すように注意しなければなりません。騎馬立とどう違うかを、よく味わってみることです。なお、この姿勢で前進する練習をしてみて下さい。相撲のすり足を思い出してみるとよいでしょう。

後屈立

自然体から、姿勢を低くして前進しようとすると、どうしても体が前のめりになり、頭から突っ込むような形になります。そんなことのないように注意しながら、ひざを曲げるのと同時に、片足を軽くスッと前に出し、支え足のひざは思いきり曲げます。この時の重心は後ろ足です。足首が柔軟でないと、よく曲らないから、必然的に尻が出て、前のめりになるというわけです。上体は真っ直ぐに、腹を突き出すようにして、充分に腰を落すことが肝要です。昔はこの場合も、体の各部分をしめて固めたものです。

猫足立

自然体から、心持ち体をひねって、相手に向って半身に対するように足の位置を変え、姿勢を低くした形です。あるいは後屈立の前足を引きつけて、立ち上がって自然体にかえる時

四股立（背筋を伸ばし腹を出す）

四股立の側面

左図を側面から見た場合

猫足立

昔の猫足立

の、立ち上がる前の前足を充分引きつけた姿といってもよいでしょう。もちろん重心は後ろ足です。こんな時でも、昔は体を固めようとしたのです。固めて、突き飛ばされるのを警戒したのでしょうか。引きしぼって蹴るという意味があるのでしょうか。真意のほどはわかりません。固くなることは、かえってマイナスになることです。

前屈立

　昔の前屈立は、写真のように後ろ足をピンと張って、ひざを曲げないように苦心して、懸命に力んだものでした。へその方向は、相手に対して真正面です。

　この立ち方は非常に窮屈で、実際の場合はあり得ないということで、廃止されたわけです。これもやはり、老師と若先生の間で、種々検討されて決定したものです。そのことも知らない人達がたくさんいるようです。今も基本、型において昔どおりにやっている人達があります。もっとも、実際には使えないにしても、足首を鍛えるには、大変よい方法だとも思われます。その意味でなら、またやってみてもよいかもしれません。一考を願います。

　ズーッと昔は、両足先の方向は内側へ入れ、体をしぼるようにしめあげていました。

　次に前足の方向だけを変えて、相手に向って真っ直ぐとし、さらに後ろ足も突っ張って伸してしておくのは、実戦に向かないというわけで、軽く曲げることになり、つまり不動立ということになって、古い形の前屈立はなくなったのです。それでも力むことに変化はありませんでした。現在ではさらに変化して、いっさいの力みを捨て、不動立からさらに重心を前に移して、今日の前屈立になったわけです。写真のように、両足の位置、形が変ったのです。前足はいくらか外向きになってもよい。後ろ足はやや内側へ入るということです。前ひざを思いきり曲げ、後ろ足のひざも自然に曲るにまかせる。上体は真っ直ぐ、重心は思いきり前足に近いところです。

昔の前屈立

現在の前屈立

不動立

　前屈立のところで述べたように、昔の古い形の前屈立は、どうしてもおかしいというので、いろいろ研究の結果、最も実際的、実戦的であるというので、後ろ足のひざを心持ち曲げ、腹を思いきり出して、重心をまん中にドンと落すようにと、この形が生れたわけです。もちろん簡単に変更されたわけでなく、前述のとおり、若先生が提案され、老師と共に種々検討された結果なのです。このように形は変化されましたものの、なお力み固めることは止められなかったのです。現在の不動立は、写真のように両足を前後に開き、出来るだけ姿勢を低く落して、不必要な力はいっさい使わない。低くなって前進後退する時の、自然の姿とも言えるものです。

　現在言われ、行われている前屈立は、この不動立の変化です。まん中に落した重心を、さらに前に持って行って、ひざを限界まで曲げた姿、形です。突きの場合など特に集中した力を、思いきり前に進めるために、必然的にこの形になるわけです。

　機関誌『空手道』の、"技の変遷について"の第1回に「不動立が加わり、前屈立はなくなった……」と書いたために、大変論議をよんでいるようですから、ここではっきり「昔の前屈立はなくなった」と訂正させてもらいます。

　現在の前屈立も、曲げた前ひざが限界に来れば、前足に後ろ足を引きつけて、次の変化がない限り、元の自然体に返るものです。突きに例をとれば、飛出した拳は、集中した力となって前進し、それに伴って脚の形も、猫足、後屈、不動立、前屈と変化し、両足がそろうところまで続き、そこで立ち上がって、元の自然体に返るといってよいでしょう。なお相手が引けば、そのまま足をそろえることなく前へ出て、さらに足を替えて追いこむか、手を替えて連続して移行することになるでしょう。

　要するにどの立ち方も、固定したものでなく、動きの中の一時的、瞬間的な形に過ぎないのです。

昔の不動立

現在の不動立

前屈立から　　　　　　　　　　　　　後ろ足を前足に寄せ

不動立に　　　　　　　　　　　　　　そして前屈立に変化する

参戦（さんちん）立

　写真のような立ち方では、私達の仲間ではやっていません。少し研究してみることも必要だろうと思います。従来（現在でもやっている人達があります）、この足先を外へしぼり出す感じで（実際には出さないで）、思いきり力を入れて全身を固め、金剛身を養成するのだといわれていましたが、金剛身、金剛心、そして金剛力という意味を、とり違えていたのではないかと思います。だんだん稽古が進むに従って、よく吟味しながら内容を検討してみる必要がありそうです。

　松濤館では、足の幅を少し開いて練習していました。とにかく、昔から伝えられた形ですから、一考の要はあろうかと思います。

参戦立

旧松濤館参戦立（半月立と呼ばれた）

攻め方

　闘争の場合、考えられることは、攻撃か防御か、この二つしかありません。攻撃から防御に転じ、防御から攻撃に変化します。攻撃即防御とも言われます。いずれにしても闘争となれば、命がけでこの二つの立場を全うする以外に道はありません。ぎりぎりの闘争の場では、逃げることは死を意味することです。

　人生もまた同じではないでしょうか。自己の人生を闘争と観じ、積極的に自らの運をきり開いていく生き方と、消極的に保守的に、何となく運命に逆らわず、事なかれ主義で通す人もありましょう。しかし、人生から、この娑婆世界から、逃げ出すわけにはいきません。見方によっては、一日一日が勝負、それもぎりぎりの勝負とも見られましょう。

　そこで、攻防いずれにかけるか。それぞれの性格の相違もあって、一概にはいえませんが、いずれにしても、どちらかを選ばなければなりません。逃げることは出来ないのですから。

　空手を闘争の技術として考える場合、攻めと受けとして、その技を大別してみることにしました。一般的に、攻め方としては、なぐる、蹴る、打つ、突く、つかむ、いろいろな場合を想定することが出来ましょうが、空手としてはいちおう、突く、蹴るというやり方を練習することになっています。しかし、将来の問題として、捕り手と称する練習方法も考えられなければならないでしょう。

　初心者の場合は、まずその方法、突き、蹴りの技法を、みっちり身につけることがたいせつです。修得するに従って、徐々に心構え、リズム、タイミングというようなことも考えることになります。闘争というからには、自分独りだけでやるわけではありませんから。このことは、当然受けの場合にも当てはまる問題です。

　"闘争を越える"という言葉にひっかかって、変に自己流に解釈して、空手を敗北主義だと

捕り手（蹴りに対する投げ　突きに対する投げ）

断定するような愚は止めることです。少なくとも初心者のうちは、ぎりぎりの闘争を思い、生と死のぎりぎりを見つめて練習し、稽古することが必要です。死生を越える、闘争を越えるというのは、ずっと後にわかることです。中途半端に我見(がけん)を立てて、悟りすましたように思うことは、全く愚かなことであり、噴飯ものです。

　本当に闘争を越えた時の、攻め、受けはどうなるのか。突き蹴りの姿、形はどうなるのか。それは、その心境になり得て初めてわかることであり、そうなってから考えることです。死生を越えたら、初心者の考えているような突きも、蹴りもなくなるかもしれません。いずれにしても、わからないことはわからないこととして、だんだんに努力して、自ら体得する以外にないのです。初歩の段階では、ただ我見を捨て、先人の教えに従い、必死に追究することです。闘争のぎりぎりを理解出来ない人に、闘争を越えることなど出来ません。必殺の突き、蹴りを修得して下さい。

蹴り

　昔をふり返って、技の一つ一つを思い出して、その変化の過程をたどり、将来の稽古の参考になればと思います。

　何から始めてもよいわけですが、本書ではまず蹴りをとり上げることにします。空手以外では、普通にはあまり使わない足の使い方ですから、興味も多分にあることと思います。

　昔と今とでは、蹴り方に大変な違いがあるのです。形ももちろん違いますが、最も違うのはその考え方にあるようです。考え方が違えば、方法も変ります。

　昔はスナップということについて、最もうるさくやかましく言われました。蹴り全般についてです。スピードを要求するあまり、スナップをきかした、ひざから先の運動にのみとらわれていたと思われます。実際的、実戦的と言いながら、なぜ本当にきくかどうかを、もっとじっくり検討しなかったのか、不思議な気がします。

　本当のききは、相手の体に当ってから、体重全体を一点にかけて、ぶち込むことにあるのです。つまりスナップをきかして、出来るだけ速く相手の体に当てる、昔はそこまでを重視したのです。そこまでで終ったのです。今は、その当ったところに、腰をきかして、全体重を打込むことに重点をおくわけです。スナップだけでは、ほとんどききはないのです。前蹴りで腰を蹴ってもらったことがありましたが、当った瞬間、はね飛ばされたように、３メートル余りもふっ飛んだ高段者もありました。笑えない事実です。スナップだけではきかない事例の一つです。突きの場合もまた同じです。当ってからが大事なところです。

前蹴り

　まず前蹴りです。私達が稽古を始めた当初は、足の形が第一違っていました。指先を折曲げて（拳と同じように、巻込むようにする）、第１指（親指）の第１関節の部分を相手に当てます。

　当ってこわれるような足ではだめだというので、指を曲げたままの足で、立つこと、歩くことから始めて、だんだんに飛びはねるところまで鍛えたものでした。私など調子に乗って、

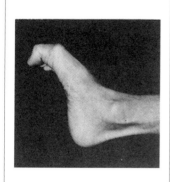 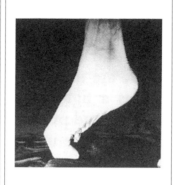 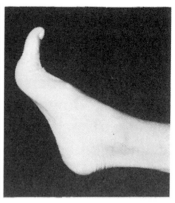

昔は指先を巻き込み　　　床を歩いた　　　現在の形

そのまま二段蹴りまでやったものでした。ショーとしておもしろいというので、演武会でやらされたこともありました。稽古とは関係ないことですが、全く幼稚だったんです。もっとも、大変痛い練習なので、あまりやる人はいなかったようです。

間もなく、今のような形で蹴るようになりました。指先を、思いきり充分に反らすというだけです。特別な練習を必要としない点ではよいと思います。しかし、当て方が悪く、変なところに当ると、足をこわす恐れがあります。この形で、相手のどこにどう当てるか、大いに研究を要するところです。思ったところに、思った方向に、思ったところを当てるように、常日ごろの訓練が必要です。

そこで大事なことは、かかえ込みです。ひざを充分曲げて、股が腹に当る位のところまで持上げる。つまりかかえ込むことです。前蹴りに限らず、蹴りにもすべて上段、中段、下段

かかえ込み

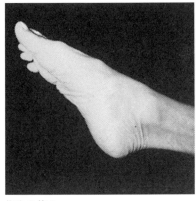
指先を使う

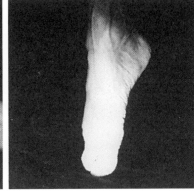
指先の訓練

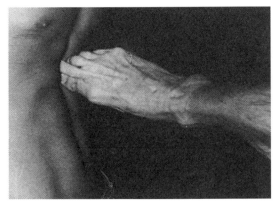
回し蹴りに使うこともできる

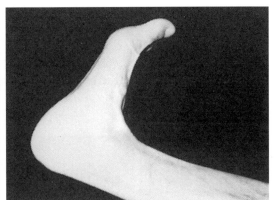
カカトを使って蹴り

とあるわけですが、このかかえ込みがわかっていないと、思ったところに当らないのです。実際にやってみて体得することです。

それから第1指（親指）の指先で蹴る。今はほとんど使われていないようです。指先で蹴るためには、指先に力が集中するように、素足でトウ・ダンスのような形をして、立って歩いてみることです。指先に力を集中出来るようになると、なかなか馬鹿に出来ない力を発揮するものです。この形で、回し蹴りをやるとよくききます。

もう一つは、かかとで蹴るのです。中段も、上段さえも、かかとで蹴るのです。これも、今はあまり使われていないようですが、ぜひ練習してほしいものです。柔軟体操の前後開脚が大変役に立つし、逆にまた前後開脚がよく出来るようになるともいえましょう。

要するに前蹴りは、相手のどこに、自分の足のどの部分を当てるかをよく考えて、実際に試してみることが肝要です。練習の場合、なぜかかえ込みをやかましく言うか、よく考えてやってみることです。

前蹴りの分解動作

充分かかえ込み

前方を蹴り

引きながら再びかかえ込み

静かに着地する

前蹴りの正面図

　それにもう一つ大事なことは、前屈立でも不動立でも、あるいは後屈立でも、前足で今ある位置から蹴る練習をすることです。腰がきかないと蹴れないものです。しかもきかないのです。試してみて下さい。自然体から蹴ることがたいせつなことはもちろんです。

横蹴り
　横蹴りには、蹴上げと蹴込みがあることは、誰でも知っていることです。蹴込みは蹴放しとも言っていました。内容はいくらか違うと思われますが、人によってそう言っていたようです。しかし、本当に知っているのでしょうか。どんな場合に蹴上げ、どんな時に蹴込むのか、徹底的に研究してみたことがあるのでしょうか。蹴上げ、と蹴込みの、はっきりした区別すら出来ない人が多いようです。

上段前蹴り　　　　　　　　　　　　　中段前蹴り

　昔は蹴上げの予備訓練に、風呂の水を左右に蹴る練習をしたものです。ひざから下を風呂に入れて、左右に動かす練習です。なお、蹴上げのためばかりでなく、風呂はよく利用しました。右に左にかき回すこともよくやりました。足を自由に使うためです。

　蹴込みについては、特に昔と今との違いを感じます。かかえ込んで、思いきり脚を伸す。そのことに変りはありませんが、昔は足刀を使いました。今はかかとを打込むことになっています。足刀というのは、ちょっと説明が難しいですが、小指の方の側を、思いきって相手の方へ出すようにする。手刀と同じように、小指の方の側を使うわけです。

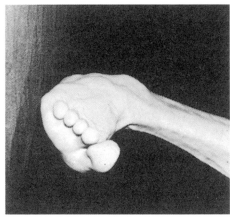

足刀

騎馬立からの横蹴り（蹴込み）の分解動作

騎馬立から　　　　　　　　　波返し

　鉄騎の型を使う場合、昔は、抜き足から次の騎馬立に移る時、足刀を使って、道場の床板を踏込んで切れといわれました。踏込む時、全体重を足刀にかけるわけです。間違ってかかとを打込むと、頭へひびき、しばらくボーッとする位に痛い思いをしたものです。板と人間とは同じではありませんから。時折はうまくいって、床板を板目と直角に切ることがありました。すると、若先生はニコニコされる。でも、老師は苦りきった顔をされて「またやったのか……違うんだよ」と言われました。このお二人の違いを、よく考えてみる必要があります。いずれにしても、足刀を使ったことに違いはありません。この足刀が出来ると、波返し（鉄騎の型）が大変簡単に、きれいに出来るようにもなります。

八字立からの

横蹴り　　　　　　　　　膝を揚げたまま蹴りを戻し、　後ろ蹴り

　自然体から、前蹴り、横蹴り、後ろ蹴りと、自由自在に連続して動けるように、修得することがたいせつです。
　横蹴りは、普通騎馬立の姿勢から練習しますが、前屈、不動立、後屈からやってみることも必要でしょう。柔軟体操の横開脚と大いに関係があります。

回し蹴り

　回し蹴り、三日月蹴りについては、今日、非常にあいまいになっているようです。基本的に言って、昔の方が正確だったようです。今やほとんど本格的な回し蹴りはやらないで、三

日月蹴りになっているのではないでしょうか。ずっと昔は、三日月蹴りなどという名称すらなかったように思います。ちょっとイカス名称ではありますが、本来の回し蹴りの出来ない人が、適当にごまかして、体を鍛えることをきらって、カッコよく三日月蹴りなどと称したのではないかと思います。回し蹴りをみっちり練習すれば、三日月蹴りなど、その応用にしか過ぎません。

　現在のような足の形で蹴る場合、どこにどういう風に当るか、よほどよく研究してやらないと、全くききめはありません。
　足指先を使った場合、みぞおちにきめるとその威力は大変なものであることは、経験的にはっきりしています。
　独り稽古の場合、小さな玉を天井からつるして、自由に思う方向に蹴れるように、練習してみたらよいと思います。実際に蹴る場合は、足先でチョコッと蹴らないで、つまりスナップだけでなくて、腰を打込む気で、全身をかけることが肝要です。
　基本的には、股を出来るだけ開いて、真横から水平に、相手の体に直角に当てるようにすることです。
　時には、前蹴りから変化させて、足首をひねるのと同時に腰をひねり、体重を乗せて回し蹴りをやってみるのもよいでしょう。

二段蹴り

　二段蹴りは、飛び上がりながら、左右２本の前蹴りを連続して行うことです。先の蹴りは中段、後の蹴りは上段を蹴るので、二段蹴りの名称となったようです。最近はあまり練習しないようですが、実用的でなく、間違ったら危ないというので、やらないのでしょうか。それを言うなら、蹴り全体がそうでしょう。なるほど、支え足が一本になりますから、不安定といえば不安定でしょう。まして、二段蹴りとなれば、体は空中に浮いているわけですから、これほど危ないことはないのです。なお、地上に降りた時が、これまた危ないわけです。実

回し蹴りの分解動作（かかえ込みを十分にとること）　　　　　左図の正面

三日月蹴りの分解動作

左図の正面

際にやるとすれば、もちろん捨身技です。しかし、自分の体を思いのままに、出来るだけ楽に動かせるようにする。そういう意味で、二段蹴りは大いに練習すべきだと思います。助走をしないで、思いきり高く遠く飛ぶように練習することです。

　私は若先生に命ぜられて、軽い不動立から飛び上がることを修得し、２メートル半位は蹴れるようになっていました。実際に試みたのは、37、8歳の時が最後だったでしょうか。40歳を越すころ、３メートル蹴ることを目標に練習を始めましたが、不幸にして腹を手術するようなことがあって、ついに目標達成には至りませんでした。誰か志を継いで、３メートルに挑戦してみませんか。私の練習の場合、足首とひざのバネをフルに使って飛びましたが、それに腰のバネを使うことを知れば、あるいは３メートルも可能ではないかと思います。身軽に動けるようになりますから、ぜひ練習すべきだと思います。

　１本目の蹴りを、蹴り終って元へもどす時、弾みをつけて、２本目を蹴ることが、要領といえばいえるでしょう。
　蹴った後、ドタバタッと落ちるのはいけません。それでは身軽とはいえないでしょう。軽やかにフワリと降りるように練習することです。
　写真で見る"飛蹴り"というのは、いかにも高く飛んでいるように見えますが、あれはほとんど写真技術によるものです。本来人に見せるために練習するわけではありませんから、独り稽古で着実に練習して下さい。飛蹴りというのは、ほとんど飛横蹴りのようです。二段蹴りを練習する際、２本目を蹴った後、そのまま降りないで、２本目を蹴った足を引いて、その引く勢いをかって横に蹴込んでみたらよいでしょう。意外におもしろいように出来るはずです。三本蹴りとでも名づけたらいかがなものでしょう。

二段蹴りの分解動作

中段蹴りして

脚を替えて

上段蹴り

　二段蹴りの変形で、前蹴り回し蹴りをやってみるのもおもしろいことです。初めの足は前蹴りで、次の足で回し蹴りを行うわけです。よほど全身を自由に、楽に使えるようにならないと出来ません。うっかりすると、横になったままで、ドタッと落ちることになります。

　力んだら全然出来ないのが、この二段蹴りです。少なくとも、高く遠く飛ぶには、力まないことが必要です。

双足蹴り（モロ蹴り）

　思いきり体を縮めて、低く落し、縮めた体を伸す勢いを利用して飛び上がり、両足いっしょに蹴るのです。柔軟体操のところでいちおう説明しましたが、ここでもう一度取り上げてみます。現在は前に両脚そろえて蹴るだけでなく、思いきり股を開いて、両側に蹴る練習もしています。大変よいことです。昔は前だけでした。私はこの蹴りを実際に使う場合は、体全体を横にして、捨身で相手にこちらの体をたたきつける、そんなつもりで練習しました。間違ったら終りです。本当の捨身技として練習したものです。今は、その意味、目的が少し違っています。前に横に、自在に軽く使えるように、あるいは筋肉を柔らかく強靭にするようにと、体を鍛練することに重点がおかれています。弾みをつけて飛び上がって蹴るわけですから、脚の裏側の筋、あるいは内側の筋が、自然に伸びることは当然です。

いちおう、蹴りについての変化、説明を終ったわけです。技の変遷、変化ということにはほど遠いかもしれません。技となると、もっと高度のものともいえましょうが、技の基本となるものについて、昔から今に至るまでの変化と、そのよって来たるゆえんを説明したのです。

　だいたい、人は普通足を使うことについて、何となくひっかかるものがあるようです。いろんな意味で、人は誰でも、非常によく足を使っている癖に。

　私は、せっかく足を使うなら、手と同じように気軽に、自由に使えるようになりたいものと思って、懸命に練習しました。足を手と同じように使うと、猿に堕落したとでも思うのか、今も昔もあまり熱心に練習する人はいないようです。別に猿に逆もどりするわけでもありませんから、大いに練習されるようすすめます。足で相手の頬げたを張り、突きを払い、あるいは肩をたたけるようになるのも、ちょっとおもしろいではありませんか。

　私も二段蹴りをムキになって練習したせいか、ある時、追いつめられて、せっぱつまって、ハッとした時には、相手の頭の上を飛び越えていたことがありました。

　これは二段蹴りの応用であって、三角飛びでは断じてないということを、ついでながら申し添えておきます。普通こんなことを、三角飛びだと思いこんでいる人があるようですが、三角飛びとは、もっとすばらしい本当の技です。

　とにかく、どんな練習でもいいのです。自分でこうやりたいと思ったことは、思いきって練習しておくことです。何かの場合、全く作為なしに、自然にヒョイと出てくるものです。大いに工夫して練習して下さい。すべて基本訓練は生きてくると、自信を持って。

突き

　空手道の稽古では、突きが生命であるとも言われてきました。本当にそうなんでしょうか。闘技として考える場合、まず、突きがきくということが、第一条件でなければなりません。突きがきかなければ、受けたりさばいたりという技は、不必要になります。そういう意味でなら、突きがきくということが前提条件であり、突きは空手の生命であると言えます。少なくとも初心者の場合は、そう思って練習に励むべきです。

双足蹴り

開脚の双足蹴り

私達の稽古も、今から20年位前までは、突くための拳を作ることが、大変大事な鍛練であったことは当然です。その拳について説明しましょう。親指を除いた４本の指を、巻込むようにして折曲げ、その折曲げられた第１指と第２指の上を親指で押え、同時に、親指と小指に特に力を入れて、拳全体を固めます。ただそれだけではいけないのです。未熟の者は、手の甲と指との角度が、90度以下にならないからです。そこで、巻きわらによる練習が始るのです。何ヵ月も何年も、血だらけになっての鍛練です。私共が始めた当初、つまり四十余年前は、それが空手をやるための基礎訓練というより、空手そのものであったのかもしれません。巻きわらを一生の伴侶であると思いこんでいたのも、そのころのことであり、今もそう思っている人は数多いと思います。何を突いても、いくら力を入れて突いても、ビクともしない拳を作ることが先決問題であり、最重要なことだったのです。したがって、そうなるための巻きわら突きです。私も20年位は、巻きわらを友としてきました。一種の安心感を保つ手段であったのかもしれません。

　その過程としてですが、まず拳が巻きわらに当るところに、水泡（まめ）が出来ます。次にそれが破れて血が吹出すのです。さらに突いていると、肉が破れ、骨が見えるようなことになります。それでも休まず突いていると、やがてたこが出来ます。そしてそれが黒ずんで、きます。その位ではまだまだです。さらに、その固くなったたこの脇から血がにじみ、次第にたこが大きく広がり、第１指と第２指の、指のつけ根の二つのたこは一つになって、足のかかとのようになるのです。そのころには、骨の周囲に軟骨が出来て、強い拳になるわけです。レントゲン写真にとってもらって、喜んでいたこともありました。

　掌の方も、巻込んだ指の爪が当るところに、直線にたこが出来るという具合です。そこまできて、まあまあ一人前の拳になったといえるような次第です。３年、５年、10年と、突きに突いて、カチカチの空手家らしい拳が出来て、何となく誇らしい気にもなったものでした。反面、人前にさらすのが、何となく気恥かしいようなこともありました。ことに若いころは、女性の前に手を出すことが、はばかられるような気持があったことも否めないことです。色気もありますから。

　補助的な手段として、畳の上で拳で逆立ちする、腕立てをする、次いで板張りの上でそれをやるのです。何はともあれ、拳を作ることに専念するわけです。

　現在の拳は、普通誰もがやるような拳で、ただ親指と小指をしっかりしめて、中指の第２関節が相手に当るようにするだけです。もちろん巻きわらによる鍛練はしません。ただ、拳を握る時に、変にひじや肩にまで力が入らないように注意するだけです。

　拳作りに並行して、突き方の要領を教えこまれます。
　初めは、八字立のままの突きです。左手を前に出し、拳の位置は体の正中線のまん前、肩の高さよりやや低目という姿勢です。手の甲を上にします。右手は腰にとり、甲を下にします。次に左手を引きつけて腰にとる。それと同時に、右手をひねりながら（手の甲が下になっていたのを、上になるように）突き出すわけです。もちろん腰にとった左手の甲は下になり、突き終った拳の位置は、体の正中線のまん前です。中段の拳の高さは、肩よりやや低目、上

段は目の高さです。普通は、ほとんど中段突きの練習が主です。今もこの方法に変りはないと思いますが、違うのはそのやり方です。力の入れ方です。昔は出来るだけ速く突き出して、引いて、両肩の位置、腰の形をそのままに、変えてはならないというところです。したがって、突きが速ければ速いほど、肩に力を入れて止めなければならないわけです。これが思ったほど簡単にいきません。苦労してやっているうちに、脇下に力を入れることを覚えるわけです。先輩達に、しきりに「脇下をしめろ」「脇下に力を入れるんだ」と、どなられるのですが、もともとそんな筋肉は、出来ていないのですから大変です。たたかれたり、蹴られたりしているうちに、いつか脇下を固く固くしめることが出来るようになるのです。拳といっしょに、自然に出ようとする肩を、強く意識して後ろに引く、そこで脇下をしめる。それが要領です。やってみればわかりますが、大変難しいことです。引き手（腰にとる、控え手といってもよいでしょう）の方も、もちろん力を入れてしめるわけです。腰にとった拳をそのままに固定して、腰が道場の板張りと並行になるまで、むりやり肩を落すことが要求されるのです。強烈な勢いで飛ばす突きを止めようというのですから、まことに不自然な、自然に逆らった突きであり、動きであるというべきでしょうが、そうすることが本当で、そうすることによって、強くなると信じているのですから、仕方がありません。しかし、馴れというのは恐ろしいもので、何でもなく、当然のことのように出来るようになるものです。しかも猛烈な力を必要とすることですから、汗をかき、息をきらし、いかにも"やった"という、満足感は充分にあるわけです。正しいかどうかは別として。

　現在は、ただ自然に、それだけです。

　立ったままの突きが、いくらか出来るようになると、今度は騎馬立の姿勢でやる突きです。
　この騎馬立という立ち方は、立ち方のところでいちおう説明はしましたが、これまた基本的な空手の立ち方の訓練で、初心者の誰もが泣かされたものでした。この騎馬立を中心にして、重心を前後に移すことによって、後屈、前屈を考えたものでした。立っていること自体が、ただもうそれだけでつらいのに、何十回、何百回と、ひどい時は30分も40分も、連続して突かされたものです。突きが当る瞬間、拳をしっかり固め、脇下をしめ、さらに腹を固め、臀筋はもちろん、下肢全体も思いきり固くしめあげて、体全体をカチカチに固めるのです。したがって呼吸も「ウム」と止ること必定です。よくあんなことが出来たものだと、今にして思えば空恐ろしいことです。本当に、よく死ななかったと思える位です。適当にサボっていたからでしょうか。実際問題として考えられないことですから。全身が固くなり、息が止ったら死です。体によかろうはずがありません。やはり結果からみれば、適当にサボっていたとしか考えられません。それが自然ですから。
　ふり返って考えますと、低く「落せ」「落せ」と叱られながら、いつの間にか姿勢が高くなり、力が抜けていたことも事実です。本人は、しっかり、懸命にやっているつもりでも、そう長続きするわけがないのです。否、出来なかったのです。その証拠に、合宿中の写真など見ると、ほとんど立っているようにさえ見える自分の姿に驚いたものでした。練習をつめば、それもまた何でもない、当り前のことのように感じてくるわけで、汗をかき、呼吸は荒くなり、全身の筋肉は固く盛り上がってきて、いかにも、鍛え上げたという体つきになってくるし、顔

の方も、頬の肉が削げて、目がつり上がって、全体の風貌が引きしまって、どこから見ても武道家という感じになったと、喜んだものでした。

　昔と今の違いで、最もよく現れるのは、疲れてからの姿勢の崩れ方でしょう。長時間、騎馬立で立っていると、昔は姿勢がだんだん高くなったものでした。今は逆にひざをついて落ちてしまいます。それがいちばん大きな違いです。昔はカチカチに固めてしめ上げ、今は柔らかく必要以外の力はいっさい使わない、そういう違いの現れでしょう。なお現在は、呼吸もなるべく普通にして、「ウム」「ウム」と止めて、いわゆる頑張るということをしないからでしょう。苦しい訓練であることはいずれも同じです。苦痛のあり方が違います。味わってみるとよいと思います。この、力と呼吸とは、昔と今の、稽古全般にわたっての変化です。大きな違いです。

　次に、前屈立（もちろん昔流の前屈立）による突きです。要領は、立ち方が違うだけで、前述の八字立による突き、騎馬立による突きと全く同じです。前屈立で固めたまま突くのです。足を固定したままで、いわゆる追突きと逆突きを、交互にやるわけです。左右足を替えて練習することはもちろんです。

　以上で、やっと基本的な突きの要領を覚えたことになりますが、これから本当の動く突きが始るわけです。

　どういうわけか、ここで初めて下段払いの姿勢を教わります。もちろんただ姿勢、形だけです。現在もそうだと思います。
「空手に先手なし」といわれ、型から考えても、すべて受けから始っているのに、教わることは、どうしてか突きから始っていました。非常に攻撃的な指導方法といってもよいようです。
　老師が、東京で始められた当初から、私達が初めて教わるころまでは、型からと記憶していますが、いつのころから、どうしてそうなったか、はっきりわかりません。この点、少し考えてみる必要がありそうな気がします。

　その問題は、各自考えてもらうことにして、突きの練習にもどりましょう。
　まず、下段払いの姿勢をとります。左足左手前です。次に右足を出して、一歩前進します。この右足が地に着く時に、右手を出して突くわけです。言葉では簡単なようですが、これがなかなか思うようにいきません。実際には、ほとんど足が地に着いてから拳を出すようなことになります。現在でも、そんな練習方法をとっている人達がたくさんいます。たくさんというより、ほとんどすべての人がそうかもしれません。そうでないのは、私達の仲間だけ、と言ってもよいのではないでしょうか。それはさておき、この突きの姿勢、形は、前にも言ったとおり、拳の位置は体の正中線のまん前、両肩の線は進行方向と直角、腹つまりへその向きは進行方向に真っ直ぐということです。しかも、体全体は思いきりしめて固くすることが

肝要だったのです。立ち方はもちろん昔の前屈立です。

　ここで、もう一度立ち方について説明します。立ち方のところでいちおう説明しましたので重複しますが、重要なことですから煩わしいと思われても、くり返し説明するのです。
　基本は、前にも述べたとおり騎馬立です。習い初めのころは、足の位置、形が、今とだいぶ違っていました。まず、かかとを合せて、足先をほぼ、90度に開いた形になる。次につま先を基点として、両足をそれぞれ横に開いて逆八字になり、次にまた、かかとを中心にして、さらに横に八字に開き、もう一度つま先を中心に横に開いて、幅広い逆八字の形になる。これが両足の位置です。その位の足の開きを基準にして、各人の体格に応じて調整するということになっていました。
　両足の位置が決ったら、ひざを足先の方向へ出来るだけ曲げて、体を低く落す。つまり、姿勢を出来るだけ低くすることです。この時、両足は固定したままで、つま先を開き、かかとを内に入れるような感じで（感じだけで、実際にはそうしてはいけない）ひねりあげるように、脚も臀部も腰も腹も、体全体をしめ固めるのです。なお、その時、ひねりねじるつもりで力を入れると、ひざが開きますから、開かないように、外側からひざを押えるように力を入れるわけです。つまり、脚全体をしめつけて、しっかり固定しようというわけです。これ以上はしめようがない位に、しめてしめて、しめ上げて固めるわけです。

　以上が、騎馬立の要領ですが、前屈立もほとんど同じです。前脚のひざから下を垂直に立て、後脚はひざを思いきりピンと伸し、前後の足幅は、中に畳1枚をはさむ程度、つまり約1メートル位です。左右には10センチから15センチ位の幅というのが初心者。熟練してきたら、前足先と後ろ足のかかととを結ぶ線が、進行方向に一直線になるようにするのです。後ろ足の足先は出来るだけ内側へ入れ、前足先も、やや内側に入れることです。騎馬立を中心にして考えると、体を完全に横に向きを変え、体重を前足にかけて、足先の形を変えるだけということになります。大変窮屈な姿勢と思われましょうが、昔は皆そうしたものです。

　前進する時は、後ろ足をいったん前足にそろえ、そこから先へ出す時に、内側から外側に弓状に出し、足先を内側へ入れ、かかとを外側に張り出すようにして踏みしめる。そういうことになっていたのです。そこで必然的に、この"踏みしめる"というところで拳を出すようなことになったものです。
　追突きと逆突きとありますが、右手で突く時に右足を出す、それが追突きで、右手で突く時に左足を出すのが逆突きです。手と足が反対になるから、逆突きということでしょう。練習の初めは、逆突きからだったように記憶しています。下段払いの姿勢でまず構える。足はそのまま固定して、前足と反対側の拳で突くわけです。"その場逆突き"と言っていたように思います。前屈立と突き方を習熟させるためと、ちょっと違いますが巻きわら突きに役に立つという、そんな考え方もあったのでしょうか。その後で、前進後退の練習が始まるわけです。
　当時、追突きより逆突きがきくと、皆思っていたようです。どうしてかわからないままに、

そう思っていたわけです。今にして思えば、当然のことです。巻きわら突きはすべて逆突きだったし、足の位置をそのままにして突くわけですから、全身に力を入れることもやりやすいし、力が入ればきくと信じていたわけですから。その上に、巻きわら突きでは、下段払いの半身から、正面に向って、いくらかでも腰が動くわけですから、この方が当然きいたわけです。

　以上のような訓練が、昭和9年か10年までだったでしょう。若先生が指導されるようになって、力を入れて固めることに変化はありませんが、「肩までブチ込むような感じで突け。手先で突くな」というので、やや肩を前に出すような形に変りました。同じころに、手刀受けの形、姿勢が真横から半身に変化しました。要するに、すべてが実戦的に考察して、本気で、実際にやってみて、種々検討の上少しずつ変えられたのです。
　また、足の形が変りました。前足の形が変ったのです。親指の指先が、進行方向に真っ直ぐ向くようになったのです。これは、大変な変化というべきでしょう。指先を内側へ入れるのは、不自然だということです。足の運びも、内から外へ弓状にというのが、真っ直ぐにと変りました。形が変れば、意識しないでも内容が変化するはずです。その方がむしろ重要な変化といえるでしょう。騎馬立、前屈立、後屈立、すべて姿勢は、だいぶ低くなってきました。新しく、不動立という形が出来たのも、そのころです。実際に動いてみて、最も自由に動ける姿勢、形、それが不動立であったわけです。そんな簡単なことをと思われるかもしれませんが、実際には、決して簡単なことではありません。新しい、実にすばらしい変化であり、発見だったのです。永い伝統として踏襲されてきたものを、検討の末変えられたわけです。伝統の壁が破られたわけですから。もっとも伝統といっても、いつの間にか歪められたものも、間違って伝えられたものもありましょう。正しい伝統と思いこんで守られてきた、固陋（ころう）な考え方もあるはずです。それにしても、そのことを発見し、改変することは、大変至難なことと言わねばなりません。
　それから、次第に古い形の前屈立はおろそかにされ、ほとんど足首の訓練のためというこ

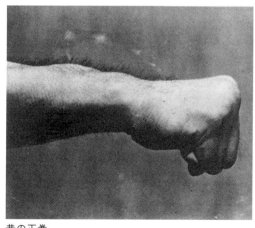

昔の正拳

拳ダコ

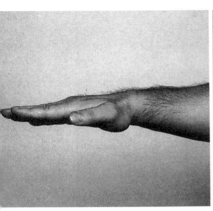 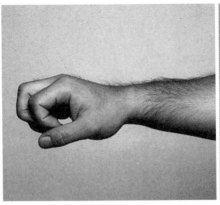 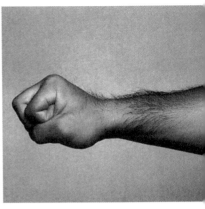

現在の正拳の握り方

とになり、今日ではそれも姿を消してしまい、現在のような前屈立になりました。ここで、ちょっと考えてみる必要があると思うのは、足首の訓練ということです。騎馬立、後屈立の練習で、充分出来ると思われるのに、思ったようにいってないということです。3年も4年も練習を積んだ人でも、足首が充分曲らないという現実があるのです。「おれは元来足首が固いのだ」といって、それで済ましている人がたくさんあるということです。昔の前屈立は、その意味では充分効果的であったといえるかもしれません。前屈立になった後ろ足、ひざを曲げないようにピンと張らせ、無理を承知で足首を思いきり内側に入れさせ、それが出来るまでやらされたものです。

　随分つらい思いもさせられましたが、そのころはほとんど誰でも、出来るようになったものでした。ひざを伸して、足首を曲げる以外に手がないのです。足首の鍛練については、あらためて考え直す必要があるでしょう。

　一概に突きといっても、基本、型、組手というように、突きの内容も形も違うのが、昔の姿でした。基本の場合と型の場合はやや似ていますが、それでも、一つの形から次の形に変化し、方向も変るという型の場合、なかなか基本どおりの突きは出来ないものでした。そのことは、いろいろな意味で、昔とはすっかり変ってしまったともいえる現在でも、やはり言えることと思います。組手の場合、特に自由組手となると、基本、型の場合の突きとは、全然違っていました。相手が立ってエキサイトした場合など、これはもう、全く異質の突きといってよい位でした。その意味で、巻きわら突きは、組手の場合の突きに似ていたといってよいでしょう。巻きわらという相手があるのですから。いくらかのききもあったといってよいと思います。

　巻きわら突きの場合、まず巻きわらに正対して、適当な間隔をとり、逆突きの姿勢をとります。突いた拳が巻きわらを通り過ぎて、20センチか30センチ位先に行くように体の位置

八字立での突き

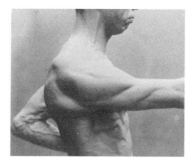
脇と肩の筋肉を力いっぱい固めた昔の突き

を決めます。そこで、その突き出した拳を引いて腰にとり、重心をズッと後ろに引いて、半身に後屈立になる。反対の手は、前に下段払いの形にします。それが巻きわら突きの構えです。

　重心を前足に移動させ、へそが真っ直ぐに巻きわら棒に向くように、腰を動かして突く。それが巻きわら突きです。逆突きになるわけです。その時、よく注意されたのが引き手です。突き出す拳と同時に、勢いよく引いて、しっかり腰にとることでした。突き出す力が高められるからです。なるほど、こう考えてくると、巻きわら突きがいちばんよくきいたわけです。だいぶ合理的な力のかけ方だからです。

　このへんで、船越老師、下田先生、そして若先生と、このお三方の突き、ことに巻きわら突きの姿を思い起してみましょう。
　三寸（約９センチ）角一間（約1.8メートル）ものの角材を、二つに（3寸を1寸と2寸に）斜めに割ったものを柱とした巻きわら棒を使っておられました。太い方を地中に埋め込むわけですが、半分位を埋めておられたようです。私達は三寸角をそのまま柱にして、半分以上を埋め込んで、低い姿勢で練習したものでした。
　老師は全く力まずに、ただ「ホイ」「ホイ」と軽いかけ声で、軽く突かれ、腕を伸して、ほとんど当てているという感じでした。当時の私は、「先生は、背が低くて老齢だからではないか」と、簡単に割りきった考えをいだいたものでした。
　下田先生も、あまり背の高い方ではありませんでしたが、いくらか姿勢を落して、腕を伸して、突き方は、それほど強烈だったとは思えませんでした。ただ1日片手1000回というのを日課にされ、雨が降れば傘をさしてでもやられたということは、全く驚嘆するばかりでした。なお、それ以上に驚いたのは、前に立たされて、先生の突きを受けた時です。軽く出された突きが、まるで木の枝のように思えるほどで、たたき落すことも、はね上げることも出来ず、往生したことを思い出します。
　若先生は、当時まだお若かったせいもありましょうが、張りきって、思いきり姿勢を低く

現在の騎馬立からの左右突き（脇と肩に必要以上の力を入れない）

落し、突き方も強烈でした。ただ、どうにも解せなかったのは、私達に教える時は「拳は腰から」と言いながら、御自分では、ほとんど騎馬立に近い姿勢で、両手を軽く両脚の上にたらしたような構えから、振り込むようにして突かれていたことです。それは本当に強烈なものでした。体ごとぶっつけるようにして、巻きわら棒を突き折られることもたびたびでした。

それにあおられ、励まされたように、私達仲間も懸命になって、巻きわら棒をたたき折ることに腐心したものでした。若かったんです。学生時代の最後のころでしたでしょうか。

昔の左追突き　　　　　　　　　　　　　昔の逆突き

そのころはまだ、空手の突きはきくものだと、本心から信じていました。板を割っても、瓦を割っても、煉瓦すら、そう骨折らないで割れるのですから。私でも五分（約1.5センチ）板の四、五枚は裏拳で、正拳でなら難なく瓦の10枚位は割れたものです。

　しかし、練習中に誤って当った突きが、ほとんど何の打撃も与えない。交歓稽古と称する、ほとんど真剣勝負に近い時の、本気で突いた拳や、蹴りさえも、ほとんど致命的な打撃にならないという現実にぶつかった時は驚きました。ショックでした。疑問が起り、迷いが生ずるのは当然でしょう。なぜだろう、どうしてだろう。一撃必殺といわれ、三年殺し、五年殺しと恐れられていた空手の突き、うそだったのか、と情なくなりました。しかし待て、昔から言い伝えられた言葉でもあり、文献にもある以上、うそではないはずだ。何か秘法があるに違いない。その秘法を知ろうと懸命になりました。いろいろ文献もあさりました。わざわざ沖縄へ出かけて、古老の方々にもお目にかかり、お話もききました。しかし、いずれも漠として、捉えどころのない話ばかりでした。拳が強いといわれる人々には、たいていの人に突いてもらいました。その回数数万回にも及びましょう。これはと確信を持てるような突きには、ついに出会ったことがありませんでした。強いてあったといえば、たった一度、約束組手で「上段を突いていくから、もぐって一発みぞおちにきめろ」ということで、突いてもらった時だけです。一時呼吸が出来なくなり、目の前がぼやけて、死ぬんじゃないかと思うほど苦しかったことがありました。それもたった一度だけです。出会いの一撃、調子、拍子、間のとり方が、偶然ピタリときまったのでしょう。こんなことはマグレでしかありません。たった一度、それも約束してのことですから。

　そのころ、武術の要訣である調子、拍子、間合のことすら、充分研究されていなかったといってよいでしょう。呼吸とか気とかいうものは、言葉にすら出なかったし、文献で見かけても、何のことか、判断することも出来ない状態ではなかったかと思います。誰もが、己れの無知を恥じて、言うのをはばかったのかもしれません。これは、私だけのこととは思えません。仲間の誰もが知らなかったことです。

下段払いで構えて

昔の中段追突き

昔、行われていた巻きわら突き（現在松濤會では行わない）

全く暗中模索の有様でした。こんなきかない突きで、よく皆は不安なく、自信ありげに続けていられるものだと、感心したり寒心したりでした。それでも、誰にでもうぬぼれはあるものです。自分だけは、いくらかましな突きが出来るかもしれない。自分の突きはきくかもしれない。そんな慰めみたいな、空頼みのような気持があったことも否めません。皆それぞれが、あるいはそうだったのかもしれません。腹を突かしてみて、相手が手首をこわしたり、肩を痛めたりするにつけても、自分の手は、彼らと鍛え方が違うという自負があったわけです。残念なことに、私の人相が悪かったのと、無茶なことをする奴だという皆の先入観があったのが災いして、誰も私に突かしてくれなかったのです。もっとも、突かしてもらったら、みじめだったのかもしれません。むしろ幸いだったというべきでしょう。

　腹を貸して突かした人が、手首をこわし、ひじを痛め、肩を痛めるという現実から、自分はどうすればよいか。そうならないためには、どんな突きでなければならないか。そのことと真剣に取組んで、考え、試してみました。人間の体には元来弾力があり、置物とは違っ

現在の追突きの分解動作

て生きている。まずそのことに気がついたのです。具体的には、手首、ひじ、肩と変に力めば、力んだところへ、力は返ってくる。さりとて、ひじを張れば、力はひじに逃げ、肩を浮かせば肩からそれる。手首の方は裏拳で鍛えておけば、などと頭で考えることは、しょせん、自分の持っている知識を出ないものです。

　敗戦後、東京へ出た私は、旧知に会い、道場をのぞいてみて驚きました。どこへ行っても、昔にもまして、その動きは小さく、形もでたらめでぎごちなく、何とも情ないことでした。昔日の面影すら見出せなかったのです。敗戦前後の社会一般の、あのぎりぎりの生活の中ですから、まことにやむを得ないことでもあったのでしょう。

　昭和二十七、八年ごろでしたか、機会があって、昔の稽古仲間に、すばらしい突きを示されたのです。驚きました。全く意表をつくものでした。形はさほど違っているとは思えませんでしたが、その根本的な発想が違っていたのです。これはすごい。これならきく、と目を見張る思いでした。既成の概念を、全く捨てた姿だったのです。

　もちろん、完成されたものではありませんでした。それをヒントに、稽古の出直しを図ったのは、当然の成り行きです。ギクシャクしたピノキオの踊りから、さわやかな生きた人間の、心の表現への転機になったわけです。そうは言っても、当初から、言葉のように、簡単に転換出来るものではありません。一歩一歩、手さぐりの前進でした。それも、心ある若い人達との共同研究のようなものでした。もちろん、感度のよい若者は進歩が早く、いろいろと教えられることの方が多かったといってよいでしょう。

　そんな時、改めて思い出されたのが、稽古に入った当時のことでした。往時の、老師をはじめ、下田先生、若先生の姿やお言葉が、生き生きとよみがえってきたのです。改めて『空手道教範』を、始めから終りまで読返してもみました。術から道への過程を思い、練習と稽古の違いも、根本から考え直す気にもなりました。「ホイホイ」と軽い掛け声で出された、老師の突き。事もなげに自然に出された突きが、どう受けても、地中から生えた木の枝のように、びくともしなかった下田先生の突き。そして、若先生の、騎馬立に近い姿で、だらっと下げた手で振り突きされたその速さ。受けることも、かわすことも出来なくて、まともに目にくらい、目まいがするほど痛かった、そんな思い出が、よみがえってきたのです。

　初めからやり直す以外に、術はないのですが、さて、具体的にどこをどうすればよいのか、端緒を見出すのが大変です。

　20歳前の、まだ幼稚なころ、山中で剣について教えてくれた、百姓姿の爺さんのこと（何の力みもなく、栗の枝を私の持っていた木刀で切った姿）が、鮮やかに思い出されます。学生時代の合気道の稽古、さらには中学時代の柔道、剣道、そして親和体道の稽古、また一時期交際のあった無頼の徒との生活。さらにまた

「あんなにカチカチに力んで、体力を消耗するだけの、力ずくの空手なんか止めろ。心を忘れた暴力になり、本物はつかめないぞ」と忠告して下さった先輩のお言葉等々、次々に思い出され、とりとめもなくバラバラだったものが、いつか結集されて、一つの稽古目標が出来てきました。

　柔道、剣道、合気道、親和体道、その他もろもろの教えが、何となく私の中で、一つにとけて道というものの姿が、うっすらとわかりかけてきました。技を盗んで、空手に利用しようなどと、ケチな了見を起してはいけないことも、わからせてもらいました。盗む、利用するというのは、出来た人にして初めて言えることなのです。未熟者に出来ることではないのです。研究することと、入門して稽古することの違いが、本当にわかったのも、その後のことでした。客観的に批判的に研究することと、心身共におまかせして、没入して稽古することには、根本的な違いがあるのです。まず自分を捨てることから始めるのが、すべての稽古事について言えることではないでしょうか。稽古を重ねていくうちに、自然に身についていくもの、その身についた何物かが、自然ににじみ出てくるということでしょうか。肉体的な変化ばかりでなく、心の変化があるのです。一つの小さな世界に閉じこもって、独善的になってはいけないということが、はっきりわかってきました。

足の運び方

　力というものについて、本当に考えるようになりました。バラバラになっていた力を、ただ一点に集中する。そんなことを考え、集中の技としての空手をと心掛け、まず突きの研究ということになりました。

　全身をしめ固めていた従来の姿から、ひじ、肩、腹、腰、脚と、次第に力を抜いて行き、全身の力を抜いて（もちろん必要な力だけは、抜けるはずもありません。立っていて、しかも突くのですから）拳のみを固め、拳先に力を集中するということに、考え方もやり方も変えたわけです。抜く

昔の前屈は前足つま先が内向き

左図の正面

といっても、初心者は抜くはずがないのです。初めから入れないで、固めなければ、それでよいのですから。今まで、必要以上に固めていた私共だから、抜くというわけです。ごく自然に、拳の先だけに力を結集するだけです。

　会得する過程として、まず私の腹を貸して、試すことにしました。実際に当ててみなければ、本当にきくかどうかわからないからです。誰も私に突かしてくれないので、やむを得ず、自分の腹をということになったのです。それに、いささか危険を伴うことでもありますから。それにもう一つ、私には、今までの突きではきかなかったという、自負も手伝っていました。確かに初めはききませんでした。５年、８年と巻きわらを突いて、鍛練を重ねて、自信を持っている人達がきかないのです。手首に、ひじに、肩に力が返って、当てられた腹には、全然といってよいほど、力が通って来ないのです。それよりも、当初は、力を入れるほど、スピードが速いほど、手首に衝撃が返って、手首が折れて痛めるわけです。どうしたら痛めないかと追究して、最初に変ったのが拳の形です。徐々に手の甲を反らして、ついに中指の第２関節が当るようにする。何のことはない、素人が作る普通の拳になったわけです。初心者は、ただ手を握って、拳を固めるだけでよいのです。それがいちばん強いし、きくのです。もちろん、古くから中高一本拳といって、全然ないことはありませんでしたが、ほとんど使われていなかったのです。この形も、ズーッと将来は、また変化するかもしれません。形には捉われなくなるのかもしれません。その時はその時です。続いて腕に力を入れることを止める。ひじを伸すだけで、腕にも肩にも力まないという順序で、変化してきました。実際に当ててみて、それも思いきり、力いっぱいです。力んだ場所に力が返ってくる。そしてひじを痛め、肩をこわすという結果から、自然に変化していくわけです。そうすると、これもやはり、素人がごく普通に、スンナリと出す突き方になるわけです。もっとも、素人つまり初心者は、突くということに馴れていませんので、初めはちょっと戸惑うようです。要するに、どこにも力まないで素直に出す突き、それがいちばんよくきくことがわかり、形もそのように変ってきました。拳に力を集中して、その動きを止めないことです。突き通すことです。"突ききる"というと、何となく最後にグッと力を入れる感じが、いくらか残っているようです。力を入れると、全身が固くなり、息を止めて、動きまで止めてしまい、きかなくなります。表現する言葉一つも恐ろしいものです。ほんの少しの感じの違いが問題なのです。通すでもきるでも、どちらでもよさそうですが、語気によって変化もあるものです。ここのところ、つまり突き通すという形、気の持ち方が最も大事なところです。このようにして、はっきりこうすればきくという突きがわかって、さらに、素腹を突くことから一歩進めて、座ぶとんを二、三枚腹に当てて、その上から突いても、なお力が通ることを追究し、安心して、この突きなら間違いないと、確信を持って、若い人々にやってもらうことにしたのです。

　以上で、手の動きはわかってもらえたと思います。さて、体全体の動きとして考えてみましょう。
　前進する場合、追突き、逆突きと言いますが、その考え方にも、ちょっと疑問があります。その場逆突きの場合、ほとんど足は固定したままで突きます。しかし実際には、突こうとすれば、腰が自然に動くはずです。そうしなければきかないのですから。従来は、腰も足も手も、

皆しめて固めていました。それできかなかったのです。きかすためには、今までしめ固めていた力を抜いて、自然に拳に集中して出すということになったのです。したがって、不動立になって構えた場合、相手との距離が近ければ逆突きになり、遠くなれば追突きになるわけです。突き方に二通りあるわけではありません。逆突きの延長が、追突きということになります。さらに、自然体からの突きを考えてみましょう。相手の状態の変化によって、手と足が順になり、また逆になることがあるはずです。相手が後ろへ引いた場合、どうなりますか。そのまま突き通すわけですから、足の方は替えなければなりません。姿としては、追突きになったり、逆突きになったりするでしょう。逆突きはきくけれど、追突きはきかないというのはおかしいのです。

　前進しての突きというと、昔は足を先に出し、手が後で出るという、バラバラの動きでした。足が止って、固めて、改めて突きを出すという格好になっていました。したがって、実際にはほとんど手だけで突いていたものです。しかも、拳、手首、ひじ、肩、腰、脚と、全身に力を分散し、動きを止めていたわけですから、きかなかったのは当然です。そこで、手も脚も腰も、皆いっしょに、全身の体重を拳に集中して突くということになったわけです。最小の力で、最大の効果をと変化したのです。それでも、初めのうちは、手と足をいっしょに出すという考えで、飛びはねるような姿になり、滑らかに突きが出ないで、足が落ちたところで（足が地についたところで）手が出て、止るような格好になり、思ったようなききがありませんでした。その後、いろいろやっているうちに、手と足をいっしょに動かすという考え方が、間違っていたことがわかりました。否、間違いというよりも、問題があるといった方がよいでしょう。手足をいっしょにというと、足の方はどうしてもいったん後ろへ蹴るように弾みをつけるようになり、ギクシャクするし、飛びはねるようになるわけです。手足に捉われず、腰で動くというのが自然であり、腰で突けば手も足も自然について、いっしょに動くものだということが、だんだんわかってきました。結果としては、手と足がいっしょになることに間違いはないのですが、考え方に問題があって、うまくいかなかったわけです。従来「腰で突け」「腹で突け」といわれていましたが、実際には、そうなっていなかっただけなのです。随分回り道をしてそのことがわかった、体でわかった、という結果が出てきたのです。老師の「ホイ」も、下田先生の何げない突きも、そして若先生の振り突きの要領も、すべて解決したわけです。なぜそのことに早く気がつかなかったのか、むしろ不思議な位です。

　力というものに対する考え方が、根本的に間違っていたことが、はっきりしてきました。体力、腕力というものにかたよった考え方だったのです。総合した人間の力というものが、本当に考えられなければならないということが、そのころからの課題になったわけです。

　体力、気力と言います。そのことを追究するようになって、突きも大きく変化してきました。心と体の問題が、新たに提起されたわけです。そのことについては、後に詳述する機会があると思います。

　今はただ、突き方の形の面だけを、結論的に言います。腰を中心に、全身を柔軟に、拳に力を集中して、突き抜き突き通す。全身のどこにもしこりのない、柔軟にして強靱な体を作り、呼吸を止めないで、体重はもちろん、いっさいの力を拳に集中した動き、そんな突きで

はなければなりません。

　昭和30年の11月、晩秋か初冬というころ、開腹手術をして、その後一、二ヵ月、全く体力の衰えていたころでした。初めてこの私が、腹を突かしてもらったのです。「今の、そんな体では、突きもきかないんじゃないですか」「わからない。突かしてくれますか」「どうぞ」ということで、成り行きでそうなってしまったのです。不安でした。傷あとはまだ痛んでいたのです。だが試してみなければなりません。入院中からの課題でもあったのですから。これからどうする。こんな体で、稽古が続けられるかどうか。私にとっては、死活問題でもあったのです。痛む傷あとをかばいながら、軽く出した突きほ、きいたのです。本当にきいたのです。相手が座り込むほどにきいたのです。信じてはいたのですが、やはり、うれしかったです。やっと本当の自信らしいものも出来ました。稽古の方向は、少なくとも間違っていなかったと、安心もしました。
　その後、さらに昭和35年ころでしたか、外人に試す機会に恵まれました。
　その時は座ぶとんを何枚か重ねて腹に当て、力が本当に腹から背中へ突き抜けるかどうかを試したのです。その時も、体のよい外人は、ほうぼうで学生諸君に素腹を突かして、きかなかったというので、私の所へ来たわけです。素腹を突けというのを、無理に断って、座ぶとんを当てさせ、「ただ、力が通り抜けるかどうかを知ればよい。突き倒すのが目的ではないから」と軽く突いたのですが、初めの1回はわかりませんでした。あるいはきかなかったのかもしれません。2回目にやっと「通る！　通った！」といって、わかってくれました。その後だいぶたってから「あの時は大変でした。あの晩、私はオールナイト・トイレでした。あれから、私はあなたの言うこと、何でも信ずることにしました」と正直に話をしてくれました。
　突きの稽古の難しさというのは、そんなところにもあります。外見だけではわからないものなんです。しかし、それかといって簡単に、実際に突かせてみることも、突いてみることも難しいことです。大変危険を伴うことも事実ですから。
　くどくなり過ぎたようですが、突きの変化が、いくらかでもわかってもらえたと思います。突きがこう変化してきますと、当然受ける方も変化せざるを得ません。従来のような受け方では、もはや、全く受けられないからです。きかない突きに対しては、極論すれば、技のいっさいは必要ないのです。きく突きであって初めて、真剣に受け方、さばき方を追究して、本当の技というものが生れてくるわけです。

受け

　空手を、単純に攻防の闘技として見れば、空手対空手の闘争だけでなく、あらゆる武器に対し、また素手にしても、突く蹴るだけでなく、なぐるつかむことに対しても、受け技は考えられなければなりません。

　攻撃は、当然突きか蹴りだと思いこんでいると、ついマンネリ化して、技は死んでしまうことになります。どこからどう攻撃してきても、それに対処するだけの心構えを持っていなければならないし、実際に動いて処理出来なければなりません。

　攻撃は最大の防御なり、という言葉があります。ただ、相手の攻撃を漫然と待っているばかりでは、能がないのです。攻防一体の境地を知るべきです。これから述べる種々の受け技にしても、単純な、受けるだけの技ではありません。そのままの姿、形で、攻撃に転ずることは当然です。

　姿、形といえば、写真で見るように、あるいは実際に古い形のままの練習を見て、下段払いはこんな形、上段揚受けはこんな姿と、固定した形で受けとられがちですが、それは間違いです。一連の動きの中の一こまであり、指導する上で、やむなくとった形であり、姿であると、理解しなければなりません。

　上段、中段、下段と受け払いがありますが、上段突き（もちろん蹴りもあります）、中段突き、下段突きを受け払うという意味であったり、あるいは、どう突いてこようとも、蹴ってこようとも、それを受けて、上段、中段、下段に払い落し、受け止め、流すという意味であってもよいと考えられます。どう考えてもよいから、考えたらすぐ実行してみることです。次に、従来も、現在も、よく練習されている受け技について、考察してみましょう。

下段払い

　受け技のいちばん初めに練習するのが、下段払いです。簡単なようで、意外に難しい技です。これが一つ出来れば、他のすべての受け技は、形が違うだけで、心構えも要領も同じですから、当然出来るとも考えられるほどです。

　下段払いといっても、考え方は一様ではありませんが、基本的な考え方として、文字どおりに、下段に払うという考え方があります。そういう意味で、形としては、払う方の手の反対側の肩上から斜めに、手と同じ側のひざ上十五、六センチの所へ払い落すわけです。

　練習方法としては、「用意」の姿勢で立つ。両手を軽くもものつけ根の前にたらし、拳を軽く握って八字立となる。それが用意の姿勢です。

　初めは、左手左足前の下段払いです。まず左拳を、手の甲を下にして右肩上に上げ、同時に右拳を、甲を上にして前に出す。次に、右拳を引いて甲を下にして腰にとり、同時に、左拳を左斜めに振り下ろし、甲を上にして左ひざ上十五、六センチのところで止める。両手共ひねるわけです。この時注意することは、手を動かすのと同時に左足を前に出すことです。足が前に出て地に着くのと、拳がひざ上にきまるのと、同時でなければなりません。きまる時の体位は半身、立ち方は不動立か前屈立です。以上の動きは、言葉で説明するとややこし

く、きれぎれになっていますが、実際の動きとしては、すべて停滞することなく、よどみなく、流れるように行われなければなりません。

　以上が自然体から一歩出た下段払いです。後退しながらやることも、もちろんあります。号令をかけて練習する場合、それが最初の「一」の号令のところです。それからさらに前進（あるいは後退）する場合、つまり「二」の号令で、「一」の姿勢と同じ高さを保ったままで、今度は右足を一歩出しながら、右拳を左肩上に上げ、そこから斜め右に振り下ろして、一歩出した右足のひざ上十五、六センチの所で止める。左右、左右と、同じ動作を号令に合せて繰り返して練習するわけです。

　約束組手の場合は、ほとんど後退するやり方でした。なお、受ける手が、相手の突く手と同じ側の場合と、逆の場合がありますが、一般には逆の手で、相手の内側から外に向って払ったものです。

　昔は、突きの場合と同様に、きまる時に全身がカチカチにしまって、固くならなければなりませんでした。それが二十数年前までの、いちばんよい形であり、受け方だったのです。突きが突きだから、こんな受け方で結構受けられたものです。つまり、突きが止ってくれるから、受けられたというわけです。

　昔の稽古をふり返ってみましょう。まず第一に、突きはきくものだという先入観がありました。次にカチカチに固くなることは、実にすばらしいことだと信じていました。そんなわけですから、相手が立って、その突きを受けさせられることになりますと、恐ろしくて、死にもの狂いで、カチカチになって受けたものでした。

　要領としては、ひじから先を思いきり速く動かして、スナップをきかして、ひっぱたくという風でした。ひじから先でたたく位の力では、たかが知れていますが、それでも滅法痛い思いをさせられたものです。

　何しろ、これも巻きわらによる訓練によって鍛え上げられた腕ですから。当時、ひじから先はすべて、巻きわらによってカチカチに鍛練したものでした。

　力と力のぶつかり合いですから、受ける方も痛いのです。この痛みを、いかにすれば軽減出来るかと考えるのは、当然の成り行きです。手だけでなく、腕全体をどうすれば固く強く出来るか、そういう角度から研究した練習方法として、約束組手としての下段払いの練習があったわけです。

　他の受け方は、絶対にしてはならない。下段払いだけで受けろといわれて、腕がはれ上がって丸太ん棒のようになるまで、たたいてたたいて、鍛え上げるのです。涙が出るほどです。いい若者が泣き出すまでやるわけです。はれ上がって色が変って、ひじが曲らなくなっても、まだやるのです。たたいている方も、決して楽ではありません。たたく方の手も腕もはれ上がるのはもちろんです。こうして、腕全体を鍛えると共に、根性までたたき上げて、強くしてやるのだと信じてやったものでした。もっともいったんそうしてはれ上がった手・腕が、元どおりになった時には、もはや以前の手や腕ではなかったのも、うそではありません。少々たたかれても、色変りどころか痛みすら、ほとんど感じなくなっていました。こうして、先輩が後輩をたたき上げることは、親切な行為として受取られるようにもなっていたわけで

す。涙を飲んで後輩をたたくのだと。大変痛い親切ではありますが。

　なかには、無茶だと抗議する人も、あるにはあったのですが、時がたつにつれて、そのことがいかに自分にとって有意義だったかを知るに及んで、感激もしたものでした。何しろ当時の稽古としては、それがいちばんよい方法だったわけですから。

　さらにまた、手を、腕をたたくことが、腰を鍛え、腰のねばりをつけることにも通ずるとわかった時、それは空手に志す人の、一度は通るべき過程だとまで信じて、続けてきたものです。"洗礼"とまで言われたものです。

　学校のクラブなどでは、一部で、多過ぎる部員をへらすためにとか、あるいは、あいつは生意気だからということで、おもしろがってたたくというような、変な風潮が生れたのも否めません。気の弱い人は、早々に退部していったものです。入部して夏まで残った人々も、夏季合宿での血のにじむような"洗礼"を受けて、辞めていった人もたくさんあります。医師の診察でも受けようものなら、全治3ヵ月位と診断され、このままこんなことを続けたら、命がいくつあっても足りないと思った人もあったことでしょう。放っておけば、1月もしないで自然治癒して、固い強い腕になったものをと、惜しまれることでもありました。

　稽古のいっさいを通じて、悪意を含んでの行動は絶対いけないことです。厳重に慎まねばなりません。

　戦後もやはり、このことは続いていたようでしたが、単に手や腕をたたくだけで、腰にまでひびくような下段払いは、ほとんど見受けられなくなっていたようです。したがって、腕を痛めつけるだけですから、突く方も鍛えが足りないで腰が弱いから、もろいものでした。思いきって払うと、ふっ飛ぶのに、かえって驚いた位です。下段払いとは、本来そういうものではないでしょうか。

　なお、練習の仕方、考え方には、いろいろあると思います。相手の手足を払う。たたきつける。ガッチリ受け止める。軽く流す。しかも、前進して積極的に攻撃するのと、単に受け払うという消極的な考え方とがあります。

　実戦的に、いろいろな場合を想定して練習する必要があるのは当然です。私としては、相手の手が出ようとするところを、先制攻撃をかけるつもりで、手を払うのと同時に、拳を腹にブチ込むようにと心掛けて、練習したものでした。相手の腹にブチ込むつもりでやれば、ついでに手もよけられているという結果になることを、実戦的に知ったからです。

　下段払いも、突きと同じように変化してきました。前進する足の運び、足先の方向、腰の動き、体全体の動かし方、すべてが徐々にではありますが変ってきたのです。突きの変化に伴って変ってきた、といってよいでしょう。現在のような突き方になって、この下段払いは、非常に難しい技になったようです。突きに対応する体の動きが、まだ充分に追究されていないように思います。昔のような考え方と、練習の仕方から、脱却出来ていないようにも思われます。つまり、まだ力まかせにひっぱたくという、旧来の考え方から抜けきれないということです。突き抜き、突き通すという突きに対して、少々力があってたたきつけても、はね

返されるだけです。完全に出をとるか、突いてくる拳の方向を変えてやるという考え方にならないと、払えるはずがないのです。その考えに立って、形を、動きをどうしたらよいかと、研究工夫する必要がありましょう。要は、自然です。力と力のぶつかり合いをしないことです。しかも相手に当るところに、力は結集することです。体の各部分をしめて、固くして、力を分散させる愚は即刻止めて、強靭に柔軟に、総合した力で受け払えばよいのです。突きの場合と全く同じです。当てて自分に力を感じた時、力は出て行かないで、自分に返ってきたと思えば間違いありません。当てても、力み、抵抗を、全然感じなくなった時こそ、自分

下段払いの分解動作

の力が、相手に入って行ったということです。力を、抵抗を感じないと、何となく頼りない感じがするものです。本当にきいたんだろうかと、不思議に思う位でしょう。第一、力を感じないと"やった"という満足感がないでしょう。しかし、それはどんなものでしょうか。力と力の闘技という意味でなら、当然不満があり、物足らなさを感ずるでしょうが、武術武技としての本当の技なら、いわゆる力は必要としないはずです。だからこそ、老幼男女を問わず、誰にでも出来ると言えるのではないでしょうか。ただ自己満足に陥らないように注意しつつ、体力が衰えても、歳をとっても、いつでも誰でも出来る、そんな稽古でありたいと思います。実際の動きとしては、相手の出に合せて、受け止め、あるいは払うのがよいと思います。腰の動き、足の動き、そして手の動きを考える。さらに進んでは、心の動きまで把握するわけです。出をとることの難しさは、そこにあるのでしょう。

　調子、拍子、間合、呼吸の研究が必要なことはもちろんです。特別に何かしなくても、実際の稽古を通じて、これらはわかるはずです。リズムを知る、間（ま）をつかむ、間を攻める、息が合う、呼吸を飲み込む、皆、常日ごろ使っている言葉です。じっくり味わって、稽古を通じて体得して下さい。要は、相手と同時に動くように心掛けることです。

　腹で突き、腰で突くという突きに対しては、受ける方も、腹腰で受けなければならないこ

左追突きを左下段払いで

右追突きを左下段払いで

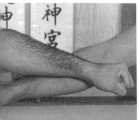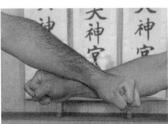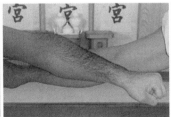
下段払いの当る部分のいろいろ

相手の突きを下段払いで受け　　　下段払いからの突き　　　下段払いで受けからの右逆突き

下段払い即攻撃　　　　　　　　　下段払いで受け払いながら投げに変化

とは、もちろん当然のことです。腹や腰についても、昔は、ただもう固めればよいという考え方、やり方で、自然の動きを止めようと、懸命になっていたのです。腹、腰と強調するのは、固めることでなく、重心をしっかりと腹や腰に落すことだと思えばよいのです。初心者としては、それで充分でしょう。腰の動きと共に、手も足も動き、手だけで突いたり受けたりではきかないのです。実験的にそのことは言えるのです。昔と現在の違いは、そこにあるのです。昔は、後ろ足でいったんふんばり、弾みをつけて、床を蹴って前進したものです。腰で突け、腹で突けと言いながら、言葉だけに終り、ただ固まっていれば、安心していたものです。

　次に払う方の拳を、反対側の肩上に持って行くこと、これがどうにも理解出来なかったものです。相手が突いてくるのに、自分は肩上に持って行く。それでは遅くなって、突かれてしまうではないか。そんな風に考えて、なかなか納得出来なかったものですが、ここにも重

開掌での下段払い

手首から先の力を抜いて

大な意味があるような気がします。一つの解釈として、こんなのはどうでしょう。相手の突きを誘う。つられて突いてくる。そこを打ち下ろす。または、相手の突きをひっかけて誘導する。近づいた相手に対して、積極的に攻撃をかけて打つ。そういう解釈も成り立つと思います。要するに、動き、形には全くむだがあってはならないし、むだはないものとして、いろいろ自分なりに解釈し、実際にやってみることです。充分納得出来るまでやってみることです。

　今一つ、下段払いの手は、従来は握って、拳で（握った拳の小指側のふくらみで、あるいは腕の部分を使うこともある）払ったものですが、（本当は払うはずを、たたいていたようです）実際にやってみると、手を開いて受けた方が、よくきくようにも思われます。もちろん、場合によるでしょうが、一考の要があると思います。ことに組手の場合など、現在ではほとんどの人が、手を思いきり開いて払っています。なぜでしょうか。拳を握ると、ややもすれば腕が固くなり、受けた効果が少ないように思われます。開いてやると、気が手の末端まで行き通り、すばらしいききを発揮するのです。

上段揚受け

　下段払いの次に出てくる受け技として、上段揚受けの練習となることは必定です。基本的には、まず下段払いの姿勢をとり、その場の上段揚受けを行い、次いで前進して行うことになっていました。さらに、それが出来るようになると、自然体つまり八字立から、ただちに上段揚受けを行うこともありました。

　まず、左手の下段払いの姿勢をとる。次に、下段を払った手を開きながら、体の内側から（右脇下の方から）外側に向って、半円を描くようにして、額の上あたりで止める。この場合、手が額を防御する、つまり頭を防御するように拳の位置を決めることがたいせつです。拳の位置が、顔の線から外側に出ないようにすること、手の甲が顔の方を向いていることが、忘れてはならないたいせつなことでした。昔の立ち方は前屈立（もちろん昔流の）、へそが正

上段揚受けの基本組手

右追突きに対し

左上段揚受け

揚受け即攻撃

面を向いているわけです。全身を固くすることはもちろんです。

　意味としては、上段を突いてくる手を払い上げる。外側へ払い除ける。あるいは相手の懐深く入り込んで腕のつけ根から首にかけて、腕をたたきつけ、ひっかけて飛ばすというように考えて、思いきり下から入るように心掛けたものです。

　次に前進（あるいは後退）するわけですが、足を一歩出すと同時に、受手（左手）を握りつつ引いて腰にとり、引き手（右手）の拳を開いて、前述のとおり上段を受ける。昔は、前進の場合は、受ける手は握ったと思います。つまり拳を固めて強く受け、受けたら開いて相手の手をつかむ。つかんだ手をそのまま腰にとる。そんな考え方で行われたと思います。今は開いて受けて、誘導してつかみながら腰に持ってくる。そんな考え方です。前進する時、左右の腕が、顔の前で十文字に交差することが大事なことです。左手が内側を通り、右手が外側を通るのです。引きつける方が内側、受けるほうが外側というわけです。

　方法としては、昔も現在もほとんど同じですが、違うところは、今はまず第一に力まないこと、次にピシッと決めるという考え方を捨てて、実際にも固めないよう気をつけることです。なお最も大事なことは、突いてくる相手の力と、受ける力とが、ぶつからないようにすることです。要は、相手の突きの方向を変えることが出来ればよいので、どうしたら、抵抗なく相手の突きを受けられるか。それを実際の稽古を通じて知ることです。理屈だけではいけません。実際にやって、体験的に知ることです。

上段揚受けの分解動作

　考え方として、相手の突きをはね上げる。脇へそらす。あるいは先の先をとって、グッと腰を落して、相手の腕のつけ根から首にかけて押えられるところまで入り込んで、完全に突きを封ずるか、さらに積極的に飛び込んで打込む。そんなものではないでしょうか。そのい

ずれをとるにしても、必要最小限の動きと、力というものを知る必要があると思います。むだな動き、むだな力を、いっさい使わないようにすることがたいせつです。しかし、初心のうちは、形としても、動きとしても、大きく使うことがたいせつです。小さく凝り固まらないように注意しなければなりません。

　従来は、受け止めたところで、いちおう体全体の動きも止めていました。しかし、だんだん上達したら、受けて腰に持ってくるまでの動きを重視した、そんな練習もしてみなければいけないと思います。むしろ、その方が大事なことかもしれません。
　顔の前で両手を交差させるという、この動きについても、ジックリ考えてみる必要がありはしないでしょうか。単純に今までのように、一つの考え方だけで済ましていてよいとは思えません。受けて、相手の腕をつかんで、反対の手で打上げる。その考え方だけではないでしょう。多人数を相手とした場合、次々に突っ込んでくる拳を、あるいははね上げ、あるいはそらし、あるいは逆に突っ込んでたたきつけるというように、次々に対処する。そんな考え方もありましょう。

　老師が80歳を越されてから、「このごろやっと、上段揚受けがわかってきたよ」と言われたことも、納得出来るような気がします。それほど難しいものなんです。たった一つの技でも。

　稽古を積むに従って、実際にいろいろな場合を想定して、自分流に稽古の仕方を考えてみることです。突き方が根本的に変ってきた今日、昔のような考え方、やり方では、どうにもならないことが出てくると思います。
　立ち方も、昔の前屈立から不動立に変化しましたが、思いきり飛び込む時は、さらに重心を前にかけて、新しい前屈立になるでしょう。これも実際に受けてみて、全体の動きとしてどんな立ち方になるのが妥当か、よく考えてみる必要があると思います。

中段手刀受け

　手刀受けについては、先にも述べましたが、随分変化がありました。まず第一には、突いてくる相手に対して、ずっと昔は、真横になって受けていたのが、若先生の御研究で、半身になって受けるように変化したことです。昭和10年前後のことだったと思います。
　なぜ、このように変化したか。私の聞き及んだところでは、真横になることが難しいために、半歩横に開いて、半身になることの容易さをとられたように記憶しています。もっとも実戦的といえば、真横であれ、半身であれ、手刀受けを自由組手や実戦に使ったということは、聞いたことがありませんでした。それほど、難しい技であったのかもしれませんし、反面、研究が不充分で、役に立たせるに至らなかったといってもよいでしょう。それほど、昔から訓練はしたものでした。基本訓練として、間接的な効果をねらったともいえましょう。いずれにしても、実戦にはそのまま使うことはあり得ないと考え、ひどい人は、型の体裁を整えるためのつなぎではないかといっていた位です。実戦といえば、当然のことですが、基本ど

昔の手刀受け（全身を力ませ筋肉を固めていた）

現在の手刀受けの分解動作（肩、ひじの不要な力を抜く）　　　　　　　　　　　手刀受けの正面

おりに突く人もいないし、基本どおりに受けるということもありません。昔の、あの固い練習のころでも、組手、ことに自由組手ともなれば、思いきって飛び込んで突いてくることですから、受ける方だって、型どおりに固くなって受けるというわけにもいかなかったのは当然です。そこで、半歩横に開いてかわして（実は逃げて）、形だけ手を出して受ける。当然の成り行きかと思います。

　元来、手刀といわれる位ですから、切るという意味が、いちばん強く出されなければならないものと思います。しかし、実際には、打つ、たたく、しかも手先だけの力です。そんなことでは役に立たないのが当然です。実際に使え、本当にきく技として、追究すべきだったのです。

右手刀受け

　さて、この手刀受けになりますと、立ち方が違ってきます。下段払いも、上段揚受けも、初め古い形の前屈立で、後に徐々に不動立に変化したのですが、これは初めから後屈立で練習するわけです。自然体から、スッと低く体を落して、ほとんどの体重を片足にかけ、一本足で、立つといってもよい位です。そして、上体は前後左右いずれにも片寄らないように、バランスを保つことが要求されるわけです。基本的には、前足と後ろ足の間に、畳1枚位の、つまり1メートル近くの物をはさめるようなところまで体を低く落し、片足はできるだけひざを曲げ、反対の足は、なるべく軽く浮かして前に出し、いつでも蹴れるという、そんな体形であり、体勢でなければならないのです。ですから、これは大変難しい、そして苦しい姿勢です。

　動きとしては、自然体から、つまり八字立から、ひざを充分曲げて、体を落しつつ、右足（左足でもよい）1本で体重を支えるようにして、左足（右足でもよい）を前に出す。この時、前足には出来るだけ体重がかからないように、軽く出すことを忘れてはなりません。この足を動かすと同時に、左右の手を開き（指先をそろえて伸す）、右手を軽く出し、左手を右肩の前に、掌を上にして持って行き、そこから、左右両手をひきしぼるようにして、右手はひじを脇につけるようにして、手は掌を上にしてみぞおちの前あたりに止める。左手は、突いてくる腕を切るように、右肩先から斜めに左へ出す。この時、ただ切るだけでなく、相手の手をひっかけるという意味を加えることがたいせつです。出した手は、写真のような形になるわけですが、注意する点は、ひじが外側へ張り出さないようにすることです。手は4本の指をそろえて、真っ直ぐに伸し、親指だけを、写真のように曲げることです。手と腕とが真っ直ぐになって、ひじから先が刀のような形になることがたいせつだと、教えられました。つまり手の部分は、刀でいえば切っ先というわけです。しかも昔は、この形で、手も足も、体全体を固めたのです。

　現在では、昔と全く違って、体を作為的に固めることは絶対にしません。むしろ逆に、力

左手刀受けからの右貫手の分解動作

まないよう、固くならないようにと留意するのです。強いて固めるといえば、手首から先だけです。動きも形も柔らかに。それが今日の姿です。固めると動きはギクシャクするし、はたらきは死にます。ただ腰を落し、手足を動かすだけの、必要にして充分な力だけが要求されるのです。

　足腰を練磨するために、長時間にわたってこの姿勢を保つように、練習することはありますが、その場合も、決して無理に作為的に力んではならないということを、覚えていてほしいものです。力んで、固定すると、筋肉が硬化して、柔軟性と強靭さを失うからです。

　最初の手刀受けの形が、いちおう出来たら、前進、後退の動きに入ります。前進を例にと

開掌手刀受け　　　　　　　　　　　　　　　　　手首から先の力を抜いて

真横手刀受けから

半身手刀受けに変化し

相手の突きを引き寄せ

回り込んで

投げる

手刀切り（防御、即攻撃）

相手の外側からの手刀受け

相手の内側からの手刀受け

りましょう。

　先ほど、左手の手刀受けだったのですから、今度は前進して、右手で手刀受けをします。みぞおちの前に置いた右手を、左肩の前に上げ、そこから、左手をしごくような格好で、右斜めに切り下げて受けます。今度は、左手を引いて、みぞおちの前で止めるようにします。前進、後退、自由にできるような練習をすることです。みぞおちの前の手は、払ったら、あるいは受けたら、直ちに攻撃に転じて、貫手となって飛ぶ。そんな気持ちでいてほしいものです。

　大変難しい、つらい練習法ですが、非常に大事な訓練ですから、大いにやってほしいものです。足首を柔らかくする練習としても、大いに役立つはずです。最近では、労を嫌ってか、あまり練習されていないようです。立ち方すら出来ていないのが現状ですから、錬磨のほども推して知るべきだと思います。日本舞踊でも、この後屈立に似た形の訓練が、大変大切だと聞きました。あの優雅な動きと姿の中に、実は大変苦しい錬磨の成果が見られるのです。これは重要な基礎訓練です。型のなかにも、非常に度々出てくる形です。大事な内容があると思わなければなりません。

　これは、私の一つの考え方ですが、真横と半身についてのことです。真横になることにも、

半身になって受けることにも、それぞれの理由はあると思います。それぞれの利点、欠陥もあると思います。従来のような突きでしたら、そのいずれでもよかったわけです。極端に言えば、そのいずれもが役に立たないことだったのです。その証拠に、ほとんどの人がこの技を、実際に使いこなせなかったのです。自由組手の時など、全く見られなかった技でした。現在のような突き方になってからは、姿、形だけでは、もはや何ともならなくなったのです。そこで実際には、突いてくる相手を真横になってかわす。そして手が相手の腕に触れた時、相手の動きについて、半身になりつつ相手の手をひっかけて、突きの方向を変えてやる。さらに猫足立になるところまで相手の突きを誘導する。そんな考え方は成り立たないでしょうか。試みて下さい。真横になって手を出しておけば、相手の突きはかわせるでしょう。逃れることだけは出来ます。さらに手に触れた腕を、腰の動き、体全体の動きで、思う方向に持って行こうというわけです。初心者としては、ここまで出来れば上々というところです。

　いっさいの技は、自然体から始って、自然体にもどる。それが本当の姿だと、私は思います。このことについては、後にさらに詳しく述べることになると思いますが、手刀受けの場合も、全くそのとおりで、受けたままの姿勢でとどまることはないのです。実際の動きとしては、何の意味もないことと思いますが、基本訓練として足腰を鍛えるという意味で、大いに効果があると思います。

　さて、その後の変化としては、五、六年前か、七、八年前から、はっきり変ってきた形に、受ける時の手の形があります。それまで、四指をそろえて伸し、親指を曲げていたものを、全部開いて、開ききって、外に反らす形です。それに伴って、腕全体の形も変ってきました。これも一つの試みです。指全体を思いきり開く。そのことに大いに意義があります。相手に与える力が大きいのも、その一つです。相手の腕に当る部分も、固く強くなります。いろいろ意味がありますが、そのことについては、各人が試して確認されることです。やってみれば、意味もはたらきも、はっきり体で知ることが出来るのです。それについて思い出すことがあります。学生時代のことです。下田先生が指導しておられた時のことですが、この運動を、毎日やってみるといいよと、何気なく言われながら、教えていただいたのが、手を開いて、そして握る。たったそれだけの運動だったのです。手を開く時は、思いきって、開けるだけ開け、そして開ききったら、グッと握る。それだけだ。何回でもいい、出来るだけ回数を多くやったらよい。そういわれただけで、説明も何もなさらなかったのです。本を懐中に、学校の行き帰りに、大いに試みたことがありました。意味もわからずに。その後、それが稽古と大いに関係があることが、だんだんとわかってきたものです。試みられるとよいと思います。私も説明は控えることにします。下田先生にならって。体得が一番ですから。

　手を開くことと全く逆に、手の力を全部抜いて、ダラッとゆるめて、手刀受けも、下段払いも、やってみるとよいと思います。また何か変った発見があるはずです。やってみて結果が出たら、なぜそうなるのかと、追究することです。全く新しい視野が開けてくることでしょう。

　自分だけの、独り稽古としては、出来るだけ、いろいろやってみることです。しかし、型の演武の場合は、一つの標準型として、形を変えないでやる方がよいと思います。それにはそれなりの意味もあることですから。

中段腕受け（内受け）の分解動作

　受けた手と、引き手、つまり控え手との関係は、大事なことですから、これも充分考えて、やってもらいたいものです。次の変化に備えるためとか、陰陽の関係とか、受けた手に、どんな力、どんな影響があるかなど、大いに研究を要するところです。

　2回、3回、4回……と連続して練習する場合の動きと、その意義。前進後退の練習の意義。腰と手足の関係。考えることはたくさんあります。充分に自分のものにするまで、自分で納得するまでやって下さい。

　昔、学生諸兄に、手刀受けについての考察を頼んだところ、400か600の考え方が、回答として出てきました。いろいろ考えて、考えたとおりにやれるかどうか、とにかく、やってみることです。ただ頭で考えるだけでは、何の役にも立ちません。考えたらただちに実践す

中段腕受け（外受け）の分解動作

る。それが稽古です。

　なお、受け方には、相手の内側に入る場合と、外側から受ける場合があり、受けないで、積極的に入り込んで、首、あるいは胴を切るという方法もあることをつけ加えておきます。

腕受け

　腕受けには外受けと内受けがあります。このことについては、型の練習を通じて、いちおうは皆知っているはずですが、基本練習としてあまりやっていない今日では、その区別すら、はっきり知らない人が多いようです。もっとも区別の仕方にも、問題があるのかもしれません。

　将来、どう変るかわかりませんが、現在のところは、従来どおり自分の体を中心に考えて、

中段後屈手刀受けから

中段逆腕受けへの変化

内側から外側に向って受ける場合を内受けとし、外側から内に向って受ける場合を外受けということにして、考え方を統一しておいた方がよいと思います。

　それでは、まず内受けから説明しましょう。左手で受ける場合は、左拳を右脇下から左肩前に向って飛ばし、ひじをやや曲げて、突いてくる手の腕の部分を自分の腕の内側の部分（親指の側）で受けるわけです。手の甲は下向き、引き手は腰にとります。受け方にも手前の方へひっかける場合と、相手の方へ入り込んで打込む場合があります。

　自然体から受ける場合は、体を落しつつ右側へ回し、左手を右脇下に入れ、前に出した右手の下を通るように、両手を同時にひきしぼるようにして受けます。

　なお、相手の突く手が、受ける手と同じ側か、反対の側かによって、受け手の当る場所も、ひ

相手の内側と外側から受けた中段腕受け（内受け）の形

腕受け、即攻撃

じの内、外と変ります。この場合、拳の位置が、左肩の線から外へ出ないように注意しなければなりません。外側へ出すことは、むだな力を使うことにもなり、相手の攻撃面からはずれて、かえって危険でもあるからです。拳の高さは、いちおう標準として、肩の高さです。立ち方は、半身不動立です。

　右手で受ける場合も同様です。左右交互に練習して下さい。ひじを外へ張り出さないことも注意すべきです。

　前進、後退の場合、足と手の関係など、下段払いの時と同じ要領です。

　次に外受けですが、左手で受ける場合、左拳を頭の上に大きくふりかぶり、横面を打つ要領で、外側から内に向って振り下ろします。相手の顔をかすめるような気持で、相手のひじの内側か、外側を打つわけです。この場合も、左拳の止る高さは肩の高さですが、位置は右肩の前です。突いてくる手を、腕の外側の部分（小指の側）で打払うのです。ひじの部分をやや曲げることは、内受けの場合と同様です。

　自然体から受ける場合、左拳を大きく頭の上にふりかぶり、右手を少し前に出し、左右の手を同時に動かすように、体を落しつつ、右へ回り込むようにして、左拳を右の方へ打込み、右手を腰にひきつけるわけです。

　左右交互に、前進後退して練習することはもちろんです。

　昔は、足は足、手は手と、その動きはバラバラでした。まず足を出して、足が地に着く時、手を出して受ける、そんな感じでした。他のいっさいの練習と同じです。手だけで受けるということは、手だけで突くのと同様、絶対にさけなければならないことは当然のことです。今や、そんなことでは受けきれないのです。腰を中心とした動きを、充分研究しなければなりません。現在では、突きが変ったのですから。内受けも外受けも、手と足が同じ側ばかりでなく、手と足が反対になる動きも、練習する必要があります。平安二段の型にあるような、外受けもあることですから。腰のひねり、それに関連する足と手の動き、そんなことを考慮

底掌払い

底掌の形

鉄槌打ちの分解動作

して練習することです。手だけの動きは絶対にいけません。

　なお、内受け、外受け、いずれの場合も、相手の内側から受ける場合と、外側から受ける場合とがあります。右手の突きを右手で受け、あるいは、左手の突きを右手で受ける場合とがあるわけです。いずれにしても、相手を立てて練習することです。頭の中で描いているように、簡単にいくとは限らないのです。相手とやや離れて軽く受け流す場合、ひっかけて飛ばす場合、あるいは積極的に、相手の内懐に入り込んで攻撃的に打込む場合など、いろいろです。さらに、時々の変化があります。もろもろの場合を想定して、練習を積むことです。

足の運び、腰の動き、足先の方向等々、その時、その時の状況に応じて変化するものです。立ち方なども、いろいろと変化するはずですから、よく研究することが肝要です。

　従来の、そして現在の形なども、あるいはもっと変化した方がよいのかもしれません。いずれにしても、ピシッと決めるという考え方、動きは、どうしてもやめなければなりません。自然体から始って、自然体にもどるまでの動きです。相手の出方によって、もろもろに変化する、その過程の瞬間的、一時的な姿、形であるということを、忘れないでほしいと思います。写真を見て、これが決った姿だと思わないことです。動きの中のほんの一部分であることを念頭において、研究して下さい。

受け技の終りに

　もう一度、受け技全体として考えてみましょう。受け技として、基本的に練習するものに、以上のほかに、底掌払い、鉄槌打ちなどがありましたが、これも、現在ではあまり行われないようです。実際には、この二つに限らず、どんな受け方でもよいのです。型の中で難しいと思う受け技を適宜抜き出して、反復練習することが望ましいのです。完全に身につくまで習熟することです。

　多人数を相手にする場合、いついかなる時に、思わぬ攻撃に会わないとも限らないし、したがって、思わぬ形で受けなければならないことだってあるものです。とっさの場合に、いかようにも対処出来るように、訓練しておくことです。まさか、こんな形になることはあるまいと思っていても、絶対にないとは言いきれないのです。

　基本的に、一つ一つの技を練習しておくことによって、型を演武する場合にも、大いに役に立つというわけです。

　重ね重ね言うようですが、練習に当っては、常に全体としての動きに重点をおき、手、足、腰がバラバラにならないように留意すべきことはもちろんです。柔軟で強靭な体を作り上げるために、ミッチリ鍛えておくことを念頭において練習して下さい。

　ゆっくり動いても、速く動いても、ピシッとか、パッとかいう感じの動きはいけません。フワリとか、スーとかいう感じの動きで、どこででも止ってはいけないのです。始めもわからず、終りもわからないという動き、それを研究して下さい。よくきめるとか、きめろとか言いますが、それはよくないと思います。スーと動いて行く途中の、ある一点で、何かがぶつかった時、自然にきまるのです。きめる、と作為があってはいけません。そのへんのところをよく考えて下さい。

　呼吸についても同時に研究することです。呼吸が止ってはいけません。どんなに動いても、呼吸を乱さないようにと心掛けて下さい。初めは荒く乱れることがあっても、練習を積むに従って、乱れた呼吸も早く静まり、ついには乱れなくなるものです。

　この呼吸の練習は、心に通ずるものです。呼吸が乱れなくなった時、心もまた静かに保てるようになります。

　体と心は元来一体のものです。体技から心法へと言いますが、体を鍛えていくうちに、心の練磨もまた出来るわけです。

型

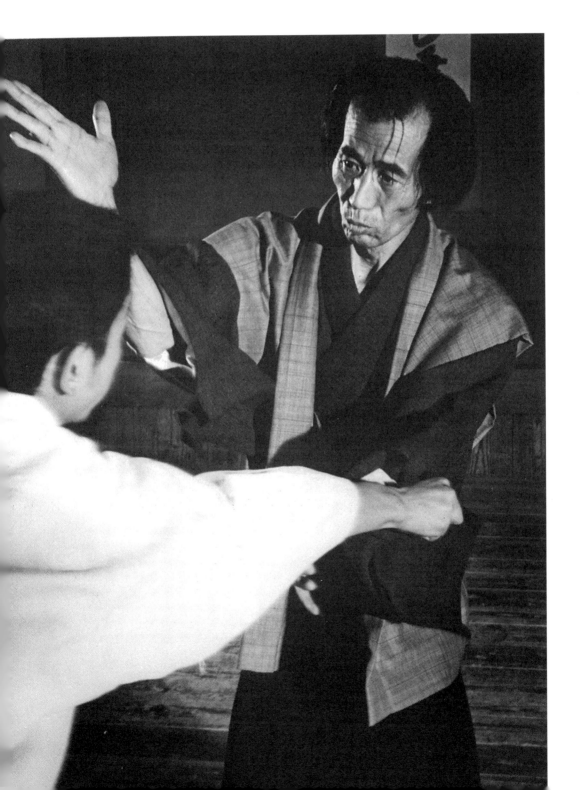

第3章　型

　従来、松濤館制定型というのは、平安の型五つ、鉄騎の型三つ、それに、抜塞、観空、半月、燕飛、十手、慈恩、岩鶴、以上の15の型に、若先生（船越義豪先生）が研究開発された太極の型三つと、天の型を加えて、都合19ということでした。

　現在は、太極の型も、二段、三段はほとんど練習されず、初段のみということになっているようです。また天の型も、実際には全く練習されていないといってよいでしょう。これは私個人の考えですが、太極の三つは、一つにして、初段、二段、三段の呼称を止めて、単に太極の型として、現在の太極初段のみにしたらどうかと思います。なお、天の型も、突き、受けの動きが変化した現在、昔のような姿、形では、ちょっと難しいと思いますので、従来の型をもとにして、一層の研究を加え、新たにすべきだと思いますので、いちおう止めることにして、当分の間は、16の型とした方がよいでしょう。

　この16の型に習熟して、余力があれば、さらに古い他の型にも目を向けて、大いに研究すればよいと思います。ただいたずらに、型の数を誇るの愚は止めたいものです。

　昔は、一つの型を3年やらされたとも聞いています。そのことが何を意味するかも、一考の要があると思います。

　型の一つ一つが、攻防の技の集積であるとも言われています。一つの型を作り上げた人の心に返って考究することも、大事なことだと思います。一流一派の主とも言えるであろう人が、心魂を傾けて作った型には、生命があると思えます。3年や5年では、とうてい汲み尽せない、何かがあると思われます。

　昔といっても、私が稽古を始めてから、まだ40年を過ぎたばかりですが、その間ですら大変な変化があったのです。いつのころ作られた型か知りませんが、長い経過のうちには、それこそ、大変な移り変りがあったことでしょう。出来得れば、原点に返って、大いに考えてみたいところです。

　この40年の間に変ったといっても、その順序や形に、それほどの変化はありません。最も変ったのは、考え方ではないでしょうか。そして、それは体の動きを基盤にして、変化してきたものです。

　型全体として見る時、以前は動作と動作の途中が、キレギレになったものです。現在では、全体として一つの流れとして受けとめ、動くというように変化した、そう見ることが出来ます。それに、一つ一つの動きそれ自体が、柔軟になったことです。外見はフワフワとものものしく見えて、中身は非常に強靭だといえるでしょう。

　攻防の技として見る時、一つ一つの技、突きも蹴りも、いっさいの受け技も、全部きかなければならないのはもちろんのことです。型どおりの突きでは、あるいは受けでは、きかないなどといっていられないのです。型を中心として、動き、考えて、発展してきたとも思える空手なのですから。

　見た目に、その演武する姿は大きく、そして、美しい流れでなければなりません。

太極、平安など　　　　　観空　　　　　　　　慈恩、十手など

鉄騎初段　　　　　　　　抜塞　　　　　　　　燕飛

型の「用意」のいろいろ

充実した元気が体中にみなぎり、ほとばしり、その動きの中に表現されなければならないのです。単純な体力、腕力だけであってはならないのです。心身一如の状態の表現なのです。集中された力は、その表現において凝集されているのです。

　以上のような観点に立ってみると、一つの型の始めから終りまで、つまり、始めの自然体から終りの自然体まで、止ることなく、美しい、流れるような動きでなければなりません。呼吸もそのとおりで、滞ることなく流れるようでなければならないのです。

　昔のように、下段払い、突き、手刀受けと、一つ一つがピシッときまるのは、いかにも力強く見えて、その実は、力は滞り止って、相手には何のききも与えないと知るべきです。固くなって、ピシッときめることは、自分だけが力を感じ、相手に対する手応えなどお構いなく、ただ自己満足以外の何ものでもありません。動きが止るのは、危険なことです。時には、死を意味することです。柔らかく、素直に出された突きは、見た目にはいかにも力弱く、頼りなげに感じられても、その凝集された力は、どこまでも通るものと知るべきです。すばらしい、大きな力を発揮するものと知るべきです。止らず滞らず、無限に通る力が、一つの流れとなって、あるいは速く、あるいは渦を巻いて流れて行く、そんな状態の型の演武でありたいものです。

　空手の稽古上の三要素として、老師に教えていただいた、力の強弱、体の伸縮の緩急。そして、武道の要訣といわれるものに、調子、拍子、間合、呼吸、そして気の流れがありますが、すべてが、この型の中に秘められているといっても、過言ではないと思います。要は、演武する心構えと、その動きの中にあるといえましょう。ことさらに呼吸法などと、別段の稽古は必要ないともいえます。気の流れについては、まだ徹底的な究明はしていませんが、心身を集中するという練習によって、自然に会得出来るに違いないと思います。気とは何でしょう。気は人間に限らず、すべてのものが持っているもの。人間と人間、人間とものが、お互に交感するもの。宇宙に遍満する元気のことだといわれます。それを、身を以て感ずればよいのです。それを体得することが、稽古であるともいえましょう。

　近年、ソ連やアメリカをはじめ、我が国でも盛んに研究されている、テレパシーや、サイコキネシスなどといわれるものも、念力とか法力とかいう言葉があるように、我が国でも昔から、その能力者はいたと思われるし、一流の武道家といわれるほどの人達は、早くからそれを知り、実際に行っていたものと思われます。人間が本来持っている、異常なまでの力、超能力といわれるようなものを、発揮していたように思われます。

　さて、それでは実際に、初心者にそんな要求を押しつけて、どうでしょう。要求する方が無理というものです。初めは、何としても単なる闘技としか考えようがないはずです。闘技としての観点に立って、あくまでも強くなりたいという願いが先行し、思いきり力んでみたいのが人情というもの。理屈抜きに、そのとおりにやってみればよいのです。初めから、集中してやれといってみても、それは無理というものです。どんなことが集中で、どうすれば統一出来るか、そんなこと、わかりようがないのです。

　そこで初めは、最も覚えやすい太極の型を、多勢で号令によって、10回、20回、50回、100回と、ほとんど休みなしに続けて練習するのです。覚えやすい型を選ぶのは、頭を使わないでよいからです。否、頭を使っているうちはだめなのです。力もうが固くなろうが、ど

うでもよいから、無茶苦茶に、力いっぱいにやることです。ことに若い人は体力があり余って、もて余しているのですから、力を抜いて柔らかくなどといっても、納得のしようもないのです。むしろ、持っている力は、出しきってしまった方がよいのです。10回、20回とやっているうちに、いくら若いといっても、腕力、体力には限界があるものです。フラフラになって、力を入れようにも、入れようがないほどに疲労困憊してきます。それでも続けていると、ついには、体がフラフラ、ヨタヨタするばかりでなく、呼吸が乱れ、目がかすみ、今にも力尽きて倒れるのではないかと思うようになります。それでも、まだ止めないのです。苦しくて、苦しくて、早く気絶したら、倒れたら、どんなに楽だろうと思うようになります。クソッと、まだ我と我が身を叱咤する、そんな気持が残っている間は、まだまだです。それが過ぎると、もう何が何だかわからないで、号令がかかるから、ただ自然に動く、作為なく動くという状態になります。そのころになると、ときに立ち上がり、ときに這い回って、自分が現在どんな形になっているかもわからないで、ただ動いているだけですから、力を入れようにも、もう入れようがないのです。そこまで来て、本当に、自然な、巧まない、力まない、柔らかくてきく動きになっているものです。頭では、もう何もわかりませんが、体はチャンと覚えこんでいるものです。それでもまだ続けていると、時々何の理由もなしに、フーッと我に返ったように澄んだ気持になり、体も思うように動くのが、わかる時があります。逆にまたフッと、何もかもわからなくなり、ただもう這い回っている。またフーッと我に返る。自分が消える。それでも、なかなか倒れないものです。そんなことが続いているうちに、いつかいい気持、すばらしい気分になっている自分を、発見することがあるのです。その時、本当に自分が倒れていたことを知るのです。気絶していたわけです。それでも、号令がかかると、何らかの反応を示すものです。号令者と演武者の関係、演武者同士の関係、心の、そして体の微妙な関係、そんなものが、いつかわかるようになるものです。初めのうち、体の動きも、心の状態も、乱れ荒れていたものがいつか静まり、すばらしい集中状態に入って動いているのです。呼吸すらも、動きに比較して静かなものになっているのです。

　入門したばかりの、全くの初心者では、ちょっとそんな練習は出来ませんが、各人の体に応じて徐々に鍛錬を積んで、そろそろ体が出来てきたら、やってみるのです。誰も、自分の体力、あるいは能力を知っている人はいないといってよいでしょう。"もうだめだ""もう倒れる"と思っても、なかなか倒れないものです。自分にもこんな力があったのかと、驚くことがあると思います。能力の限界を、自分で低く決めてしまってはいけません。倒れるまで、自己の能力の限界に挑戦してみることです。

　こんな練習は、出来るだけ速い動きでやった方がよいと思います。出来れば、太極の型を5秒でというように。

　また全く逆に、太極の型一つを、3分、5分、15分と、思いきり長い時間をかけて、動きを止めないことを条件に、演武してみることです。速く動くことより、もっと難しいと言えるでしょう。

　頭を使うな、理屈を言うなと、いくらそう言っても、たいていの人は頭を使い、理屈を言いたがるものです。自分が現在までに得た知識で、何とかして理解し、割切ろうとするのが、大方の人間なのですから。しかし、稽古の世界は、現在までに全く知らなかった世界のこと

です。未知の世界への挑戦なのです。今まで持っていた知識で、割切れるはずがないのです。知識でも、理屈でもよい、もしわかったと思い、出来ると思ったら、早速、体で実際に表現することです。それが稽古なのです。

　まだ、全くといってよい位、究明されていないものがたくさんあると思います。例えば、練習中に使う言葉「用意」です。言葉の内容は、今は考えないことにしましょう。問題はその姿勢です。平安の型の場合の「用意」の姿勢、抜塞の時の、観空、十手、鉄騎は、それぞれ「用意」の姿勢が違います。なぜでしょう。どんな意味があるのでしょう。どんなはたらきがあるのでしょう。単なる構えでしょうか。構えなら、皆同じでもいいはずではないでしょうか。第一、武道の窮極において、構えなどというものがあるのでしょうか。必要なのでしょうか。密教の印とか、印形とか、印明とかいうものと、何らかの関係があるのでしょうか。ヨガのポーズとも、何となく関係があるようにも思えます。中国の太極拳についての文献によれば、十手の「用意」の形は、陰陽合体の姿を表現し、入門の礼ともありました。それが、どんなわけで、どんなはたらきがあるのかは、わかりません。それぞれの形によって、そのはたらきに変化があることはわかりますが、それがなぜなのか、どうして型によって違うのか、どうにも合点がいかないのです。これも、これからの課題として、追究すべき一つの問題です。

　なお、たくさんの型の中には、いちおう基本的な解釈はしてあっても、実際にはそのとおりに動けないような、どうにも納得出来ないような形があるものです。いかに自分が納得出来ないからといって、全く無意味な、むだな形、動きというものはないはずです。自分で動いてみて、解釈も種々にしてみる。考えて動いて、その本意をさぐる。それが稽古なのです。お座なりに自分をごまかさないで、徹底的な稽古をと心掛けて下さい。それが先人に報いる道です。

　稽古は自己闘争であるともいえます。独り稽古はもちろんのこと、大勢でやる団体訓練でも、体に応じていかようにも出来るし、ずるけ怠けるのも自由です。その怠け心をいかにして捨てるか。苦しい練習を、いかにして乗越えるか。すべて自分との闘いです。他人と闘争することのみと断じてはいけません。自己の内部の闘争といってよいでしょう。自分を甘やかさず、限界に挑戦して下さい。

　空手は、本来棒を基本として発達したものともいわれています。基本も型も組手も、すべてにわたって、棒を持ったつもりで、あるいは棒を持ってみて、比較検討してみて下さい。

棒術（棒の使い方のいろいろ）

組　手

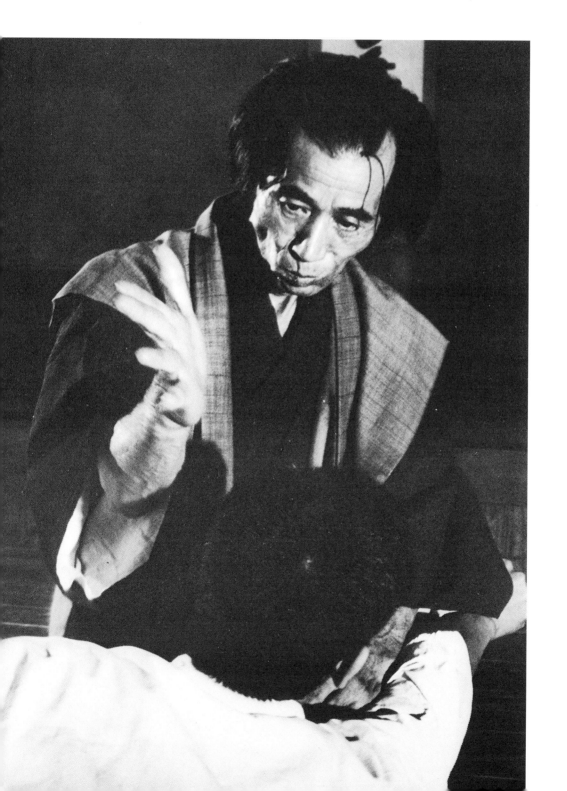

第4章　組　手

　これから空手を始めようとする人に限らず、およそ空手に関心を持つ人にとって、最も興味があり、魅力があるのは、この組手でしょう。早く組手がやりたくてウズウズしている。それが若者の、否、若者に限らず、稽古を始めた者の、本能的といってもよいほどの欲求であるかもしれません。この組手のためにこそ、あらゆる基礎訓練もあるわけで、そのためにこそ、いかなる苦痛にも耐え抜こうとするのかもしれません。初めて組手を許された時の、何とも言えない興奮は、今も忘れることが出来ない位です。

　人間は元来、闘争心というものを、本能的に持っているものなんでしょうか。初めて２人向い合って立った時、静かにしていようとしても、どうにも押えようとして押えきれない、そんな気持というものがあるのです。カッカと血が頭に上ってくるような、あるいは、心まで青くなるような、そして顔がひきつるような、恐怖心を伴った闘争心のようなものが、体中を走り回るような感じがあるものです。

　それでいて、自分もやっと、稽古らしい稽古が出来るようになったんだという、そんな喜びが、押えきれないものです。

　初めに練習するのは、下段払いです。思いきり払わないと、突かれるぞと、先輩におどかされて、受ける方は、もう必死の思いで待ち構えるわけです。そうなれば、突く方だって大変です。受けきれないような突きを出してやろうと、これまた必死です。いちばん初めのぶつかり合い。これが大変なことです。払った方も、払われた方も、物すごい痛みです。ガツッというようなにぶい音がして、骨と骨とが激突したような感じ、間にはさまった肉や皮、痛い、恐ろしく痛い、頭のシンまでひびくような痛みです。たたいた方が、たたかれた方より、いくらか痛みが少ない程度でしょうか。初めはたたく方も、恐怖心と共にいくらか相手に対する申訳なさみたいなものがあるのですが、だんだん、そんなものはなくなってくるのです。お互に対抗意識を燃やして、ムキになってたたき合うということになります。何しろ、堂々と、思いきり、生きている人間をたたけるのですから。人間の心の中には、かなり残忍なものがひそんでいるようです。負けてたまるかとばかり、抗戦意欲をかりたてて、徹底的に、お互がフラフラになるまでやるものです。頭のシンがジーンとして、目頭にツーンと来るような痛み。そうすると、自然に涙が出るものです。そんな痛みを感ずると、もう次の突きを出すのが、いやになります。ミスミスたたかれるために出すようなものですから。でも、ここで止めたら男じゃない。クソッ、クソッと歯をくいしばって突くわけです。そんなですから、時々、相手が受けきれないで、転んだり、突きが体にさわったりした時の、その快感はまた格別です。表面では"済まん"と言いながら、内心ではニヤリとしたものです。ところが、後が大変です。エキサイトしますから、面相だって変りますよ。恐ろしいような面相で突いてくるから、受ける方だって、もちろん青ざめて、顔をひきつらせて、なお思いきりたたくわけです。受け損じたら恐ろしいのですから。こうして、お互の腕は、もうすっかりアザだらけという次第です。

昔の組手

お互同士でなら、まだいいのです。先輩とやるに及んでは、これはもう全くの拷問です。受けても受けきれずに、フッ飛ばされたり、突かれたり、突いて行けば突いていったで、たたき倒されるという始末です。倒れまいと頑張れば、たたかれた手は気が遠くなるほどの痛みです。何しろ相手は、鍛え上げた手足なんですから。突きのところで述べたとおり〝洗礼〟なのです。

　こうして対抗意識、闘争心があおり立てられるわけです。それが根性と呼ばれるものでした。そして、この痛さを、いくらかでも軽減しようとして、ますます巻きわらに親しむようになるのです。突きを、うんと速くしよう。痛みを感じなくするために、腕を思いきりたたいて鍛えておこうと、我と我が身を鍛えるというより、さいなむといった方がよいでしょう。

　組手の練習の順序として、五本組手、三本組手、一本組手がありました。いずれも約束組手です。

　現在も、この練習過程をとっているグループが多いと思います。相手を立てて、5本連続して突くわけです。この時、上段、中段というように、予め約束するわけです。少し馴れてくると、前進する歩幅も大きくなり、相当広い道場も、狭く感じるようになります。そこで三本組手が始りました。受ける方は、後ろへ下がりながら、受け払うわけですから大変です。初めの一撃を、思いきりたたいて相手をひるませ、萎縮させることを思いついたりもしたものです。突く方としても、いろいろ戦術を考えます。思いきり飛び込んで突いて、受け払いの力をそぐことを考えます。あるいは、遅く速くと調子を変えることを覚えます。5本目、あるいは3本目で、受ける方は、はっきり受けて、あるいは払って、突きできめなければならないのです。突いて行く方は、相手を思いきり攻めて、圧倒して、受けもきめも出来ないように心掛けるのです。このあたりで、乱戦模様になったりしますが、稽古歴の長い短いが、また稽古を熱心かどうか、そんな結果が見えてくるというわけです。もっとも、そんな練習方法ですから、ガムシャラで無茶苦茶な奴は、随分得をするものでした。こうなると、基本や型の時の突きとは全然違った突きになります。受け方も、基本どおりにいかないのはもちろんです。当然のことです。現在でも全くこのようなやり方で練習している人達が多いのですが、何の疑問も感じないというのが不思議な位です。

　いちおう、三本組手が出来るようになり、手足腰が強くなったと思われ、体さばきもどうやらサマになったと思われるころ、一本組手に移ります。約束一本ですが、お互に構えるところが、それまでと違うのです。約束といっても、突き手になるか、受けにまわるか、そして、突くのは上段か中段か、それを約束するわけです。突く方は、懸命にスキを見つけようとするし、受ける方は、これまたスキを見せまいと一生懸命です。お互に低く構えて間をはかり、相手の疲れを待つということにもなります。思いきって低くなりますから、随分疲れたものでした。低い姿勢からは、バネをきかして飛び込めるし、受ける方も攻撃面を小さくして、突きにくくするというわけです。ここでも、基本訓練が役に立つというものです。簡単にスキといっても、何がスキなのか、本当はわかっていないのです。突くべくして突き、受けるべくして受ける。それが本当にわかるにはなかなかです。

五本、三本、一本組手と、いくらやり方を変えても、お互に馴れてくれば、力の配分などと考えて遊びが多くなり、相手の意表を突くことを覚えたりして、最後のきめが、思うようにならないのです。きめようとする突きを、逆に受け払って、突いて行った方がきめるような仕儀にもなります。そんな時、勝ち誇ったようにニヤリとするものです。そうなると、相手は大変です。層一層、闘争心をかき立てられるもので、お互にハッスルし、エキサイトして、でたらめな泥仕合のようになってきます。そんなことが続いて起るようになって初めて、自由組手（最近ではフリーといっているようです）という名称で、約束なしの組手が出来たわけです。元来、組手というものが始められたのも、昭和の初めだったと思いますし、自由組手などは、おそらく昭和七、八年か、もっと後のことでしょう。

　ずっと昔は、稽古といえば専ら型だけということだったと聞いています。それに巻きわら突きによる鍛練です。肉体の訓練を通じて精神を磨くということに、重点がおかれていたものと思われます。あるいは、それが旧来の稽古の形式であったのかもしれません。稽古方法、形式については、これからも真剣に取組んで追究すべきです。

　私達が稽古を始めた当時までは、とにもかくにも、15（太極の型を除く）の型の順序を覚え、いちおう間違いなく演武出来るようになれば、初段だといわれていました。もっとも、私達は一つの型を何ヵ月も練習させられて、新しい次の型は、なかなか教えてもらえませんでした。

　組手というものの発生と発達については、はっきりは覚えていませんが、昭和の初期であったことに、間違いはないようです。少なくとも、道場で正式にとりあげられたのは、そのころのことでしょう。私が始めたころは、系統的に、組織的に、稽古の表面には出てきませんでしたし、しばらくたってから、五本組手が始められたように記憶しています。私は昭和7年に始めたわけですから、そのころに組手が正式の稽古方法としてあったら、知っていなければならないはずですが、はっきり記憶がありませんから。

　昭和15年に私が沖縄へ行った時には、どこでも組手は見ませんでしたし、むしろ逆に、組手を採用したばかりに（東京へ出て組手を知ったと言われていました）破門されたという知名人にお会いして、話を聞いたほどです。老師が初公開されるまで、極秘裡に教授されていた秘術です。おそらく、個人教授だったろうと思われますから、体系化された組手など、前からあったはずがありません。

　元来、組手というものは、型の中から技を選び出して、ひそかに自分だけで、いろいろ研究したもののようです。しかも、その一部の者が、街へ出て試したということです。沖縄では、当時の色街として繁華を極めていた辻町あたりで、ひそかに相手を物色し、自分の力量を試していたとも聞きました。なかには、師匠自ら弟子達を連れて行き、物陰に待っていて、適当な相手をさがし、弟子を呼んで「あの男にかかってみろ」と命令し、その結果について、いろいろ評を与えた人もあったと聞きました。真偽のほどは定かではありませんが、そんなこともあり得たろうと思います。随分無茶なことをとは思いますが、やる気になれば、いくらでも相手はいたことでしょう。

　公開される以前を考えてみますと、やはり違った形で、組手はあったと思います。つまり、師が弟子に教えるに当って、その進度に応じて、直接突いてこさせたり、あるいは受けさせ

たりしたものと思います。

　本来、組手というものは、稽古の一つの方法であり、絶対に勝負を決めるものではないと思います。突きがきくかきかないか、本当にこの受け技は使えるか、自分としてはどうかと、そんなことを確認するための一法だったといってよいでしょう。空手は闘争の技であると断じてみても、組手はやはり、試合ではないのです。もっとも、近来試合という言葉の、意味内容も変ってきたようですから、一概に断言は出来ませんが、本来、試合は出来ないものと言うべきではないでしょうか。老師も言っておられました。「空手に試合はない」と。

　昔は、空手に限らず一般に、試合、あるいは仕合は"死にあい"といわれ、いずれかが倒れるまでやる。それが、日本では本来の姿だったのです。欧米の競技が入って以来、その影響で今日のような試合形式になったと思われます。本当の武道として、道として追究し、究明しようとする人ならば、断じて試合はないものと考えて、本当の死生の境を越えたものを求めることです。今日流の試合形式でも、現在のままのルールでは、なかなか勝敗は決しかねるものと思います。形式、ルールも、もっともっと変化するでしょうし、変化しなければならないでしょう。そのことは、今日それをやっている人達自身が、最もよく知っていることと思います。

　現在、私達は組手として、約束一本組手をやっていますが、突きが今日のように変化したのですから、五本、三本組手などは、現実に出来ないようになってしまったからです。しかも、その一本組手だけで充分なのです。いわゆる自由組手は、もちろん必要ありません。稽古の内容からいって、自然に、本当の組手の意義がわかるはずです。考え方、やり方では、自由組手、つまり約束なしの組手と同じなのです。

　昔の組手と、現在の組手とは、その方法が全然違うといってもよいのです。突いてくる拳を、いろんな受け方で受け払う。そのことは同じです。まず違うのは、突きです。最も根本的な違いといってもよいでしょう。今の突きは、間違って当っても、傷つき倒れるはずです。したがって、これに対して本当の受け技が必要なのです。昔の突きの場合、口では「ブチ抜くんだ」といっても、実際にはブチ抜けないのです。止るのです。止るように練習を積んできたのです。体がそうなっているために、いくらブチ抜こうと思っても、「ブチ抜け」と言われても、そう動いてくれないのです。突きがきかないのです。極論すれば、きかない突きに対しては、技など全く必要ないのです。

　組手といっても、止っている突きを、形だけ、本当の力のこもらない受け方で、ただなぐり、たたいていただけです。現在のような突きに対して、昔のような受け方をしても、何の効果もありません。昔の練習を馬鹿にしているわけではありません。ただ一日も早くもろもろの矛盾に気がついて、本当にきく突き、きく受け方を研究し、さぐり出してほしいと思うだけです。本当にきく突き、本当にきく受け方がわかると、自然に組手の様子も変ります。では、どう変ったか、どう変らなければならないか、それを考えてみましょう。

　向い合い、受けに立った場合、まず、相手の突いてくる拳に合せて動くことが必要です。合せて動くには、出がわからなければなりません。相手の動きが目に見えてからでは遅いのです。しかし、だからといって、やたらな動きはもちろん出来ません。

　相手の突きは、恐ろしいのですから。本当にきくんですから。

現在の組手

　出をとる稽古の一つとして、基本でも、型でも、号令によって行う場合、その号令に合せるのです。号令が終った時、突きも終るように、号令がかかった時には、もう動いていなければならないのです。さらに、もっと早く、号令がかかった時、もう突いているようにすることです。そうするためには、心が焦ったらいけません。心気を鎮めることです。心を相手の号令に集中するのです。心の緊張をとき、心身共に軽く、いつでも動ける態勢を保ち、号令をかける相手に合せるのです。合せよう、合せようと、作為的になり、焦っては、なおいけなくなるのです。自然に合っている姿、状態、それを見つけることです。身も心もいちばん素直になった時、幼な子のように素直になった時、それがわかるのです。精神集中とか、統一とか、何か特別のことのように考えて、考え過ぎないことです。いつの間にか、落着いて、集中状態に入っているものです。号令と共に動くようになった時、ややその状態になり得た時と言えるでしょう。

　次に、相手と向い合い、遠く離れて立ち、突いても受けても、実際に相手の体に触れない距離を保ちます。その上で、相手に突いてもらい、自分が受ける練習をする。相手が動く時、同時に自分も動けるようになるまでやることです。受ける方と、突く方を、交互にやるようにすればよいでしょう。しかし、この場合は、当らないことがわかっているので、本当に真剣になったとは言えません。そこで今度は、適当な間をとって、突いたら当るようにして、突き受けの稽古をするのです。勝負ではありません。あくまでも稽古です。そのことを絶対に忘れてはいけません。勝ち負けにこだわると、進歩はありません。勝ったと思っても、負けたと思ってもいけません。勝ったと思えば、思い上がり、負けたと思えば、逆に萎縮するか、クソッと対立抵抗の心が生れるのです。ただ、相手の手足が、当ったり、かすったりした時、なぜ、どうして当ったか、なぜ受けきれなかったかを考え、追究するのです。次に失敗しないように考えて、その結果を実際に表現してみる。ただそれでよいのです。それが稽古なのです。足腰を鍛えることは、当然のことですから、思いきって回数を重ねて稽古することはもちろんです。死生を越えるための稽古でもありますから、初めは思いきって"喧嘩腰"に

なっても、致し方ありません。若いうちは、どうしてもそうなりますが、そんなことは早くきり上げて、心気を澄ます方向へ進むことが必要です。もっとも、作為的にそうしなくても、自然に喧嘩腰になったら、どうなるという結果が出て、やっていられなくなるものです。体験以外に、わかりようはありません。

　次には、相手に背後から突いてもらいます。これは、いたずらに奇をてらってやることではありません。出来れば、あまり人のいない時などに、親しい友を選んでやる方がよいと思います。相手が前に立った時よりも、さらに心気を澄ますことが要求されます。精神統一の訓練になるわけです。いつ突いてくるかと、頭を使ったり、心気が焦ったりすると、相手の動きなど、全くわかりません。心身共に落着いて、シーンとした状態になると、自然に、相手の呼吸、動きがわかるようになるものです。人間に限らず、すべての動物が持っている能力で、変な気負いがなければ、当然誰にもわかることです。呼吸と動きの関係、気持の変化など、だんだんわかります。つまり、出をつかむことが、自然にわかってくるわけです。実際にやってみればよいのです。後ろに立って突いてみると、相手の反応がよくわかります。突こうとすると、相手の体は、それに応えるように動くものです。自然に動くものなんです。それを、あるいは疑い迷い、あるいは打ち消して、自然の動きを止めてしまうのです。やってみると、そのことがよくわかります。それが頭に左右され、知識に惑わされる、人間の姿といえるでしょう。そうすれば、この結果から見て、自然に逆らわないで素直に動くということが、いかにたいせつであるかがわかるはずです。後ろから、にらみすえた部分に変化が起り、ピリピリ動くのがよくわかります。受けて立つ側は、このピリピリ、ピクピクという動き、つまり体が感じて動きたい時に、日ごろの訓練による動きを、ためらわずに実行するのです。

　それが、稽古を積んで出来るようになると、今度は３人、５人と多人数を相手に、稽古を始めます。自分を中心として、前後左右に立ってもらい、約束なしで突いてもらうことです。この時こそ、本当の心身一如の、全き統一状態が必要なのです。何の差障りも、わだかまり

もない状態、勝ち負けもない、極端に言えば、死も生も思わない状態になるわけです。難しいようですが、それほど難しいことではなく、といって、そう容易なことでもないのです。頭を使って難しく考えることに、むしろ問題があるでしょう。要は、昔から言われているように、相対したら死にきることです。死にきれたら、対抗意識も、勝ち負けも、憎しみも、恐怖心も、いっさいが消えるわけですから、たんたんとした状態で立っていられるはずです。考えているより、実行することです。やっていれば、自然にそれらのことはわかります。また「心静かに、気は速く」という言葉もあったようですが、全くそのとおり、心は静まり、気は八方に開いた状態になるものです。そうでなければ、八方にいる多勢を相手に、稽古など出来るものではありません。柔軟な心と体が要求されるのです。物静かで柔らかい心、そして柔軟な体と敏速な動き、そのいずれを欠いてもいけないのです。そのためにこそ、基本、型の訓練があり、基本的な訓練が出来ていて初めて、このような稽古も可能になるわけです。調子、拍子、間合、呼吸、気の流れ、それらが、皆結集されての稽古です。無難禅師の歌に

　　　生きながら死人となりて死にはてて　思いのままになすわざぞよき

というのがあります。この歌の心を汲んで、実践すればよいと思います。

　心の問題は、大変深いものです。自らを高め、広め、清めていくことこそ、最後に残された稽古のようです。体を練ると共に、心もまた練らねばなりません。人生のあかのついた心を、洗い清めるのです。丁度、泥だらけの芋を、桶の中でかき回すように、お互が触れ合うことによって、汚れを洗い落すことです。

　心と体は、車の両輪のようなものです。一方に偏してはいけません。正しい稽古は、そのようなものだと思います。それぞれの人生に価値あるものを、おのおのが会得する。それが本当の稽古ではないでしょうか。

　昔から、言葉としては、同じようなことが言われてきました。しかし、現実にはどうだったでしょうか。ジックリと考えてみる必要があるでしょう。

　体の触れ合い、ぶつかり合いを通じて、心の触れ合いを知る。稽古仲間はもちろんのこと、人生での己の身辺の人々とのかかわり合い、お互に関係し合い、影響し合い、交流する流れ、そんなものを知ることです。相手の身になって考えるとか、思いやるとかいう言葉がありますが、本当に、言葉どおりに出来ますか。道の稽古人なら、当然出来なければならないことでしょう。ある言葉、ある思い、ある理想、そんなものは、ただ口先だけのものであってはならないのです。考えたら、必ず実践する。それが稽古なのです。実践、実行出来ないことは、まだ稽古が足らないか、欠陥があるかのいずれかです。すばらしい稽古を実現して下さい。入門してからは、卒業ということはありません。少なくとも、私達凡人にはないと思って間違いありません。

　闘争の技術として、徹底的に究明し、やがて闘争を越えて、自他一体の境地を体得する。それが組手だと思います。

附1　座り稽古

　昔の稽古の中に、座り稽古がありました。捕り手の中の、居捕りとしてやらされたと記憶しています。ほとんど、演武会用のにわか仕立てで、本格的な、系統立った練習ではありませんでした。しかし、この居捕りについては、充分再考すべき要素があると思います。

　合気道、親和体道においても、昔の初心者の稽古は、座り稽古だったと聞きます。居捕り三年といわれる位に、ミッチリ座り稽古をさせられたと聞きました。現在では、そんな厳しい稽古はなくなったようで、ほとんど、初めから立ち稽古のようです。今時の若い人には、無理なのでしょうか。真意のほどはわかりません。

　座り稽古を、なぜ初心者に課したか。私なりに考察してみましょう。効用として、まず考えられるのは、足腰の鍛練に非常によいということです。跪座（きざ）、膝行（しっこう）、すべて腰による動きです。腰で動かないと、すべての技は出来ないのです。つまり、いっさいの動作を腰で行うことに、重要性があったと思われるのです。初めから、立ち稽古では、本当の腰の動きはつかめません。腰で動いているつもりでも、ほとんどごまかしているものです。厳しくとも、腰の重要性がわかるまで、ミッチリ鍛える必要があると思います。今まで、立ち稽古のみで長年稽古してきた人も、現在、自分が本当に腰で動いているかどうかを再確認する意味でも、やってみたらどうでしょうか。おそらく、座ったら、全く動けないといってよい位だと思います。そんな人は、稽古のやり直しのつもりで、始めた方がよいと思います。

　次に、動きが柔らかくなります。体も柔らかくなります。体が柔らかくないと、自由に行動出来ないし、動きが柔らかくないと、ききがないのです。独りで踊っているわけでなくて、稽古には常に相手があるものです。座っていて動くということになると、すべて柔らかくないと何も出来ないのです。

　昔の稽古には、柔道も剣道も、どの道も、すべて座り稽古があったと思われます。もちろん、空手にもあるはずだし、あったのです。それが、いつの間にか姿を消してしまったというのは、なぜでしょう。無用だと思ったのか、厳し過ぎると思われたのか、理由がはっきりしません。たぶん、立ったままの方が、やりやすいし、立って出来ることなら、座っても出来ると、非常に安易に考えてのことだろうと思います。事実は全く逆なのですが。

　空手における座り稽古は、捕り手の中に、ほんの二つか三つ、座り技をやっただけです。2人向い合って正座する。一方が、片膝立てて突いてくる。もちろん、突き方は立ち稽古の場合と同じで、固くなって、止る突きです。それを払い落して突くか、あるいは、横に倒れながら、回し蹴りか、三日月蹴りできめる。あるいは、飛び上がって蹴る。そんなものでした。立って突いても、きかない位の突きですから、座って突いて、きくわけがないのです。ただ、こんなことも出来るのだと、他人をごまかし、自分をもごまかして、ショーとして、やっていたに過ぎません。そんなことだから、当然、日ごろの練習の中にとり入れて訓練するなどと、考えたこともなかったといってよいでしょう。

向かい合って正座

座礼

浮きを揚げ受けで受け

すかさず逆突き

座ったまま突きを受け流し

回し蹴り

前蹴りを受け払い

脚を取り、打ち倒す

脇下にもぐり、手刀を当てる

突きをさばき、中段に突き込む

突きをさばき、あるいは鉄槌打ち

　これから、練習するについては、充分に研究して、考えてやるべきだと思います。座り突きから始めるとよいでしょう。座り突き、体さばき、いずれも立ち稽古と同様、昔の姿、形とは、当然変ってこなければなりません。これから稽古する人々に、大いに研究してもらいたいと思います。課題だと思って下さい。相撲の蹲居（そんきょ）、四股（しこ）立ち前進なども、大いに参考にして下さい。なお、ついでながら、空手における投げ技、それももう一度、船越老師の書かれたものに、いろいろ技が示されてありますから、読み返して、充分研究して下さい。突いたり、蹴ったりだけでは、どうしても、一つの闘技としてみても、納得出来ないのです。しかも、昔はやったのです。投げることより、突いたり、蹴ったりの方が、手っとり早いという単純な考えで、とり止めた練習方法であるというのなら、とんでもないことです。再考、三考すべきでしょう。

附2　阿吽の行

　皆さんは、神社仏閣に行って、狛犬（こまいぬ）や仁王さんの像を見たことがあるでしょう。それが阿吽（あうん）の表現であることも、きっと、聞いたことがあると思います。

　私も、詳しいことは知りませんが、阿吽は天地、陰陽を示すものだといわれています。易も道教も、ヨガも仏教も、日本の神道でも、そう教えているようです。宇宙のいっさいを、陰陽、阿吽で解明したものでしょう。

　阿吽の呼吸と言い、陰陽合体と言います。いっさいは、阿吽、陰陽から生れるといわれます。阿は天、吽は地を意味するとも言われます。天地陰陽、調和合体して万物生ず、とも言われます。

　開き広がって天となり、閉じ凝り固まって地となるとも聞きます。陽極まって陰となり、陰極まって陽に転ず。陰陽これ一体、ただ表裏の差のみとも言い、また陰は陽に発し、陽は陰に発すとも言われます。

　天地間に人ありです。大宇宙の縮図として、人は小宇宙であるとも言われます。空手の稽古についても、この意味で、一考してみるのもおもしろいでしょう。例えば、突きの場合の、出す突きと、引いて腰にとる引き手との関係。中段手刀受けにおける、受ける手と、控え手の関係です。何となく、わかるような気がしてくるのではないですか。

　宇宙、天地人の根元をさぐるための、行として、阿吽の行をやってみることもよいと思います。凝り固まった吽の姿から、急転して、すべてを開ききった阿の姿となるのです。神道においても、言霊（ことだま）として、あは天であり、開きのぼるの意あり、用あり、うは地であり、凝り閉すの義があると説かれています。

　この行を行う場合の心構えとしては、周囲を気にせず、いっさいの雑念を捨てることはもちろん、自我を忘れて、天地と一体となることです。

　まず、自然体で息を吸い込んで、ひざを折り、両手を握り合せて、うずくまる。つまり、吽の姿になります。次に息を吐きながら、思いきり両手を開いて上に上げる。つまり阿の姿になります。息を吐く時に、「アー……」と声を出しながら息の続く限り、吐いて吐いて、吐ききるのです。同時に、目も思いきり開きます。そして、天を真っ直ぐに仰ぎ見るのです。「アー」と発声する口も、もちろん思いきり大きく開き、舌も出します。上に上げた両手は、真っ直ぐ天に向い、手首から先は、全指先を開ききり、手首も反らすのです。体のすべてを開いて、開きのぼるの意のように、つま先で立つまで伸びきり、さらにもっともっと伸びようとするのです。

　現在も、やっているには、いるのですが、周囲をはばかるように、恥かし気に、テレたりしています。何もかも忘れるのです。どうしても、気がひけるということもあるでしょうから、そんなことのないように、独りで、場所を選んで、遠慮気兼ねなしに試みられるがよいでしょう。

　周囲のいっさいが消えてしまって、自分をも忘れて、全く宇宙と一体になる感じ、あるいは、天地を貫く自己を見出す。そんな、すばらしい境地を発見して下さい。

「吽」の形

「阿」の形

「阿」の形（側面）

むすび

　松濤會の機関誌『空手道』に、昭和47年秋（第3号）から49年秋まで、「技の変遷」と題して拙文を連載しました。ちょうど私の還暦の年でもあり、周囲の人々からのすすめもあって、下手な文章ですが、何となく思い出すままに、書き始めたものでした。連載するうちに、関係者から「まとめて出版したら」との声もあり、読者の方々からの要望などもありまして、これまた何となく、そうする気になったわけです。

　あわてて思い出すままを書きなぐったためか、ずさんな点もあり、書き忘れたところもあったりでしたが、少しばかり筆を加えて、空手愛好家諸兄に贈ることにしました。多少とも参考になれば幸いです。

　自画自賛になるかもしれませんが、空手という世界に足を踏み入れて四十余年、その間に、私自身の中に起った変化、肉体的に精神的に変化したものを、稽古仲間と共にいろいろ考究し、実践してみて、自分すらも気がつかないうちに変化した、つまり必然的に、変化すべくして変化した姿、形と、その精神内容、つまり心の問題をも含めて、一つの考察として提出したつもりです。

　型を例にとってみても、従来とは、その根本的な考え方において違いがあります。従来は、空手の動きは直線的であると断定され、何となく、私達自身もそれを認めていたようなところさえあります。しかし、考え方を変えますと、直線あり、円運動あり、高低ありで、決して直線的なものではありません。突き一つをとってみても、直線の動きはないといっても過言ではありません。まして、無限の動きを秘めた突きなど、そんな考え方が、昔にあったでしょうか。また「用意」から「止め」までの動きが、自然体から自然体にもどるまでの、中間の千変万化する姿であり、動きであり、流れである。そんな捉え方をしたことがあったでしょうか。また、下段払い、上段揚受け、手刀受け等々、一つ一つの受け技にしてもそのとおりです。

　さらにまた、基本訓練としてのもろもろの練習から、本当の意味の稽古へ、つまり肉体を通じて心をさぐる。体と心の関係、体技と心法、心と心の関連等々、深く人間の奥秘にまで突っ込むような、そんな稽古というものを、現実の稽古を通じて考えたことがあったでしょうか。"術から道へ"、それが船越老師の考え方であり、稽古の指標であったと思います。それを具現することこそ、私の使命でもあったのです。術から道へ、それは具体的にどんなことでしょう。どんな稽古になるのでしょう。殺傷の技術としての空手術から、自他一体の共存共栄の活法としての空手道へ、そうなることが目標でなければならないのです。武道なら、道なら、当然そうなるべきです。いたずらに勝敗にこだわり、殺傷の手段としての地位に甘んずべきではありません。具体的には、相手と呼吸を合せ、相手と共に動き、共に進歩発展する。そんな稽古です。

　柔軟体操をはじめ、すべての訓練は、昔とは全く逆に、柔軟に柔軟にと心掛けているのです。体を柔軟にするためには、心が柔軟にならなければならないことも、呼吸を止めず、静かに、体に聞きながら行うべきことも、実地に即して体得出来るのです。これも大きな変化

といえば変化でしょう。

　考え方、見方が変れば、すべて変化するものです。カチカチに固まって、身体の各部に分散させていた力を、柔軟でしかも強靭な体で、ただ一点に集中する力へ。そしてさらには、いっさいを捨てた無心の動きへの、大きな変化があったと言ってよいと思います。

　からてという言葉から来る一つの概念、つまり猛々しい殺傷法としての考え方、そんなものを早く捨てて、いっさいを捨てた姿、無着無心の、本当の活法としてのからてとして、生れ変るべきです。そんな願いをこめて、この本をまとめる気になったのです。ほんの少しでも、これから稽古を志す人々の参考になれば幸いです。

昭和52年3月

著者

索引

※索引の範囲には資料編は含まれません。

あ行

阿吽の行	128
一本組手	119
受け	58,85
受け技の終りに	106
兎飛び	36
腕受け	102
燕飛	109
追い突き	73,82

か行

かかえ込み	60
型	109
嘉納治五郎	20
『空手道教範』	80
岩鶴	109
観空	109,113
跪座（きざ）	125
騎馬立	49,50,51,73,74
騎馬立の姿勢でやる突き	71
騎馬の型	64
基本	47
逆突き	73,82
組手	115,117
蹴込み	62
下段払い	85,117
蹴り	59
蹴上げ	62
『原初生命体としての人間』	40
後屈手刀受け	49
後屈立	49,50,52,74
五本組手	119

さ行

参戦立	49,56
三本組手	119
慈恩	109
四股立	52
膝行（しっこう）	125
十手	109,113
下田武	20,76,80,83,100
自由組手	120
柔軟体操	29,47
柔軟体操と正座	29
手刀受け	74
上段揚受け	91
松濤館制定型	109
座り稽古	125
正座	42
攻め	58
攻め方	58
前屈立	49,50,54,74,91
前屈立による突き	72
足刀	63
その場逆突き	73
反り飛び	36

た行

太極の型	109
立ち方	48,73
近突き	83
中段手刀受け	94
突き	69
鉄騎の型	109,113
鉄槌打ち	106
天の型	109
飛蹴り	67
飛横蹴り	67

な行

- 中山博道······20
- 波返し······64
- 二段蹴り······66
- 猫足立······49,52
- 野口三千三······40

は行

- 八字立······49,50
- 八字立のままの突き······70
- 抜塞······109
- 半月······109
- 半身不動立······104
- 不動立······55,62,74
- 船越義珍······20,54,55,76,80,83,94,127,130
- 船越義豪······20,54,55,67,76,80,83,109
- 平安初段······91
- 平安二段······91
- 平安の型······109
- 閉足立······49,51
- 棒くぐり······38

ま行

- 前蹴り······59
- 前蹴り回し蹴り······68
- 巻きわら突き······70,75,86
- 回し蹴り······65
- 三日月蹴り······65
- 無難禅師······124
- 双足蹴り······34,68

や行

- 約束組手······86
- 用意······113
- 横蹴り······62

資料編

ここでは江上茂先生が遺された文章と、『江上茂追想録』に掲載された弟子達の文章を掲載しています。

※記名の無い文章（これから稽古を始める人に、稽古のマンネリ化を憂えて　〜最近の稽古の傾向を見る、ヒントは自分で、間のとりかた、「型」に対する考えかた、究極は生死の問題です、自信を持ってやってください、下腹にこたえる位の重心で、自分には絶対に妥協しない、稽古の段階、なんの為に空手を学ぶのか、天を懼れよ、近頃思うこと）は江上茂先生の文章。それ以外は記名に拠る。

これから稽古を始める人に

　年が変ったと思ったら、もう三月、春です。若者は何となく心がはずんで、走り出したいような気分になる。旺んな生命の燃焼があるからでしょう。

　学生諸君であれば、入学早々先輩学生の勧誘によってか、或は積極的に入学を機にということで入部し、社会人であれば、フッと電車の窓から道場の看板が目に入ったり、ソゾロ歩きに道場の所在を知ったり、友人に聞いたりして、何となく道場を訪れる。

　動機としては、全く単純であるかも知れません。兎に角強くなりたい、肉体的にも精神的にも。或は最近のブームに乗せられて、何となくやってみよう。そんなことの為、或は美容体操として、或は精神修養にと、いろいろ言っても矢張り動機は単純でありましょう。それでよいのです。

　それでも、入部入門となれば、何となく心の緊張はさけられないでしょう。今や何処へ行っても道場はあるし、テレビにも雑誌にも漫画にも取り上げられている時代です。そんなことで、何となく知っているような気でいても、初めは矢張り緊張するものです。言うなれば未知の世界に踏み込む訳ですから、当然のことでしょう。

　何かを知りたいという思いがあれば、誰でも初めはいささかの緊張があり、しかも謙虚で素直に対処するものでしょう。少しばかり馴れて来ると、万事呑み込み顔になり、自己流に解釈し、全てわかったような気になったり、日々の稽古が単調で馬鹿々々しくなったりするというのも、これ又致し方のないところでしょう。

　稽古の目的、効果など、永い間の稽古を通して、自分で掴むものであり、誰もが同じとは言えますまい。ただひたすらに稽古に励んでいれば、自らわかってくるものです。

　稽古自体、初めは真似をすることであり、稽古を重ねていくうちに段々会得し、自分のものとして身についていくものなのです。やってみればわかることですが、初めは自分の体が自分の思うように動いてくれないのです。もどかしく腹立たしい位そうなんです。少しずつ動くようになり、段々よく動くようになり、そして終に、相手に応じて、自然に動くようになる。そんなものです。そこに心と体の問題が出て来るのです。

　素直に先輩の言を信じ、行動を真似て、自分なりに会得するように励んで欲しいものです。

　稽古は、人と人とのかかわり合いを通して、本当の自分を知ることであり、而も自己の可能性を知って向上発展し、人生を豊かにするものであろうと思います。「空手道」それは実にすばらしいものです。深遠玄妙、尽きない内容をもっているのです。掘り起こすのは、自分自身です。自から掴みとっていくのです。何処までいっても、これでよいということはない筈です。「初心忘るべからず」という言葉もあります。常にマジメに真剣に、謙虚に素直に、稽古は一生のことであると思って、功を焦らずに元気に続けて欲しいものです。

「空手道」第16号　昭和52年4月10日

稽古のマンネリ化を憂えて　〜最近の稽古の傾向を見る

　柔軟にして強靭、そして結集した力"集中力"という基本的な考えによる稽古がやっと定着したかに見える。しかし、その稽古の実状をつぶさに見る時、徐々にマンネリ化の傾向が見えて来たようである。

　ただ何となく柔かく突いて、受けてという形だけになり、如何にも頼りない感じだけが残る。そのためか、昔の稽古の力んだ固さに魅力を覚えるような、逆行した考え方さえ台頭して来るような、そんな心配さえ出て来る。

　何となく柔かくというだけで、本当の集中した力が発揮出来ないと、全くフヤケたものになり、何の価値もないものになってしまう。ただ一つの突きに、ただ一つの受けに、自己の持つ全ての力、体力、精神力を結集して、絶対の効きを発揮するということとは凡そかけ離れた、体操になってしまうことを銘記すべきである。

　しかし、此処で注意すべきことは、何となくフヤケて見えるから、或は己れに力を感じないからといって、つまり、力んで、直ちに古い時代の稽古、自己に力を感ずることがよいことだ、とばかりに、柔軟さをなくした、コチコチの固い動きに戻ってしまうことは、それこそ今日迄の苦心と研鑽も全く水の泡ということになろう。

　突きや蹴りが速いとか遅いとかいうことも、何を基準にして言うのかが問題である。物理的な遅速の問題だけではないのであって、相手と自己との関係に於てとらえる問題であろう。

　突こう、蹴ろうと思ってから、実際に突いたり蹴ったりという行動が起るまでの時間というものも当然考えなければならない問題であり、これこそ重要なことである筈である。

　スナップの問題も、その遅速が原因として取りあげられるものであろう。肉眼に見える速さというものに執着する余り、眼の錯覚を忘れている向きもあろう。突いてすぐ引くという動きによって、如何にも速く見えるということは、一寸試してみれば直ぐわかることである。

　試みに、ゆっくり出して速く引いてみるがよい、思いの外速く肉眼にはうつるものである。

　スナップをきかす余りに、動きが固くなり止まってしまうという姿も見受けられる。スナップをきかして、出来るだけ早く相手に届く手足の動きをとの思いが強ければ強い程、相手に届いた時に、全く力がなくなってしまうという愚かなことをやっていることになりかねない。厳重に注意しなければならないことである。スナップをきかすことは、非常に重要なことであるが、相手に当ってから、相手にさわってからが、本当の突きであり、受けであるべき筈であるから、呉々も注意することが大切である。

　全て稽古は、相手があってこそ初めてホンモノであり、相手の思い、相手の動きに応じて変化することこそ最も大切なことである。断じて自己満足に終ってはならない。

　効く突き、効く蹴り、そして相手に応じて動く速い動きというように心掛け、柔軟にして強靭な心と体を練って行くべきである。断じて後戻りして固い老化したものになってはならない。

緊める、固めるという練習は、長い年月をかけて身につけることによって、体も心も共に固定してしまって、柔軟な頭の働きすらなくなってしまうという結果になることを思うべきである。体が固くなることは老化現象であるから、何もしないでも年をとれば固くなるもの、何を好んで老化を急ぐことがあろうか。観念の固定も又、然りである。

　柔かい動きと、集中した力と、そんな稽古によって、何時迄も若さを持ち続けたいものである。

「空手道」第21号　昭和53年9月10日

昭和52年10月8日〜9日　全国指導者研修会の講評
ヒントは自分で

　はじめのうちはやっぱり何となくちぐはぐで、顔見知りじゃない人達もいるし、でも今日は最後になんとなく皆さんが打ち解けている。そのように感じました。それから今後共、こういうような皆の雰囲気が、大きな輪になっていく、そういう姿であって欲しいと思います。

　非常に元気な稽古を見せていただいてありがたいと思います。やった事はほんのささやかな基本的な姿です。しかし基本は究極ともいえると思います。だからそういう意味で、今度あなたがたが稽古された内容を自分で検討されて、その中から何かを汲み取っていただきたい。それが私の願いです。で、ヒントは自分でつかみとらなければ他人にはわからない、何を求めているのか。

　そういうものを求めている人は、それを自分で検討して、自分のものとして体につけてください。

　これから帰られて、それぞれのサークルで、指導的な立場に立つ方には、内容を豊富にして皆さんに分かち合えるよう検討してみようじゃないか、そういう姿であってほしいと思います。今、一方的に与えるものは何もありません。皆さんが自分で会得されてほしい。

　たいへんありがたいと思います。

　どうもご苦労さん。

「空手道」第18号　昭和52年12月1日

昭和53年10月7〜8日　第三回全国指導者研修会の講評
間のとりかた

　この集まりも恒例のようになりましたけれども、全国から集まるという建前なんですが、残念ながら数はだいぶ少ないようです。

　数は少なくてもいいんです。これから自分の稽古として、あるいは、後輩を指導する人達として、何をいったいやればいいのか、ということを自分なりに捉えること。今度のテーマは、まっすぐに入るということのようですが、何を意味するのか、どういうふうにすればいいのか。自分なりの捉え方、これをお互いに示し合う、研究しあって。

　どれがいいということは、おそらくなかろうと思います。自分の納得のいくまでやる。その意欲が大切です。今度の稽古で、何かを少しでもつかんでもらえたらありがたいと思います。そういうことで、思い切ってやってみて下さい。

講評1
　ほとんどの人が技になっていない。力と力の力比べです。力の強い人が絶対に勝つという、そういう練習は、高段者は少なくともやめて下さい。ぶつかり合って、押し合って、それで何の技か。婦人や老幼の人にはできないということです。

　もう少し考えて下さい。今やった下段払いにしても、どうすれば本当に払えるのか。ぶつかり合って、正面衝突して、小さい人は、それをやられたらはね飛んでしまう。いくらか遠慮しているから、怪我もなくすんだということです。それではせっかくの技が泣くんじゃないか。

　年をとった人は、だんだんこれから非力になってきたら、この稽古はできないということを示したようなものです。だから、もう少し考えて、相手によって転化する。以上です。

講評2
　これからの稽古は、究極は自分で会得することですから、考えながら、ずうっと詰めて、詰めて追求するように。要点としては、だいたい、"間"のとりかた。漠然と"間"をとらない。"間"には物理的な"間"と、心の"間"があります。そういう"間積もり"を考える。何となく漠然と、ほわぁっと突っ立たない。

　それともうひとつ。やっぱり、油断するとすぐマンネリ化してくる。同じような調子で同じ事をする。リズムにうっかり乗ると危ないですよ。リズムを察知されたら終わりですよ。調子、拍子、間合、呼吸と昔から言われる言葉を、もう一度、じっくり味わって下さい。

　気の流れとなったら、もう少し難しくなりますが、先々の先に関することですから、それもだんだん追求してみて下さい。

　何となく、今の稽古で、ひとつ気になることがあります。指導者の稽古としては、先ほどの稽古で、突いてくる手をつかまえる。キャッチボールの要領でやる。そういうことをやっ

ていましたが、それは感じの問題で、実際につかむ、握るというのはよくない。掴まえるというのはとらわれることです。

　もう少しそこいらへんを追求して下さい。

　無理矢理に、何か非常に無理なことをやっているようだが、自分でできる範囲で、ああしてみよう、こうしてみようというようにやらないと、自分のものになりません。

　以上が私の感想です。ご苦労さまでした。

「空手道」第22号　昭和53年12月10日

昭和54年度前期審査会講評
「型」に対する考えかた

　気の付いたところ二、三点を言います。

　稽古を積んできた人は、型の味みたいなものを出せるようにしてください。また、型に対する考え方が甘いようです。型はいろんな技が結集されたものです。大事に稽古してください。

　細かい点では、手足の方向、どこを突いているのか、どこを蹴っているのか分からないようではいけません。しかもその突き、受けが本当に効いているのか、自分で幾分でも知るようでなければいけません。

　姿勢がおしなべて高いようです。今は徐々に低く稽古してください。名人芸を稽古しているのではありません。

　訓練期間中は、柔軟な体、そして強靭な体力を作るようにしてください。

　そういう意味でも自発的に、姿勢は低く稽古して下さい。あんまり楽をしないように。

　前後の足の位置、これも大事です。前屈の前後の足が、前から見ると重なっています。これでは腰が回らないと突けません。腰が回ったら、突きが変わってくるということを考慮に入れなければなりません。

　手刀受けの手の位置が、分かっていないようです。

　前回より伸びてもいい人も、沈滞しているようです。

　ふんぞり返った立ち方が、動きの中でもあります。これは危ないです。体の上下動があります。腰が極まっていないからです。腰が極まるということは、固くすることではありません。腰は柔らかでなければなりませんが、ふわふわしてはいけません。上体は揺れてはだめです。自分で考えてもらいたい。

　予備動作をしてから動作する。また途中でも予備動作を加えて動作する形になっています。調子をとらないと、動作できないということは、動作と気持ちが固いからです。

重心は、もっと下におちていなければなりません。肩に上がっていては、突きは効きません。

　それから段を受ける人、昇段しようとする人は、型に対する考え方が、甘い。もっと練り上げていかなければいけません。考えなくとも出来るように技を身に付けてください。

　抜塞、観空を演武しましたが、気を抜かないで、呼吸を乱さないで、緩急を考えて、だらだらと演じないようにしてください。

「空手道」第24号　昭和54年7月10日

昭和54年10月6日〜7日　第四回全国指導者研修会の講評
究極は生死の問題です

　今回も内容は豊富でした。皆さんは、自分でこの稽古から何かのヒントを得てほしいと思います。得ることが出来るのは、自分だけです。

　もう一度今日の稽古内容を吟味し、反省して稽古に励んでください。

　馬鹿馬鹿しいと思ったり、いつもの稽古と何も変わりは無いではないかと思って馬鹿にしたら、何にも得るところは無いのです。掘り下げて少しでも何かをつかんでやろうと貪欲にならなければいけません。このような突っ込みの姿勢が大切なことです。

　ヒントは一つ得られればいいのです。それを何回も繰り返し繰り返し反芻してやってみることです。それを押し進め、追求していくというのが今日の稽古の内容であるかもしれないのです。

　究極は生死の問題です。生きるか死ぬかの問題を追求し、それを稽古しているのです。相手が前から来ようが、後ろから来ようが、寝ていようが何かをしていようが、何かがあった場合に、この体が何かしら動作してくれればいいのです。

　寝ている場合でも体が自然に反転するかもしれないのです。心をひらいて体がそれ以上の境地になればいいなぁと思います。

　皆さんは折角稽古を始めたのですから、ここらまで出来ます。ただ現在のままでいいのだと思わずに貪欲に稽古をして下さい。

　また、ここに居る皆さんだけが出来るのではいけません。誰でもが出来るようにならなければいけないのです。

　サークルに帰ったら、いろんな意味で今日の稽古内容、気がついたこと、実際に自分が号令を受けて稽古をした時どのようであったか、自分の号令で初心者、若い人達がどのように動作をし、また受け止めたのか、どうしたら皆んなが出来るようになるのか、よくよく研究してほしいと思います。

「空手道」第25号　昭和54年11月1日

昭和54年度後期審査会（昭和54年11月11日）館長講評
自信を持ってやってください

　一番気になったことは、総体として中段突きが中段突きになっていません。ほとんど上段突き、あるいは上段突きでもない、その中間的なものになっています。

　これは最近の全体の風潮です。どこを突いているのかわからないようではいけません。中段突きは、中段を突かなければいけません。

　新しい人は、自分の持っている力を、ただ発揮すればいいのです。自信を持って演じてください。過信ではない、自信を持ってやってください。

　下を向かないで、きょろきょろしないで、真正面を向いて、少々間違ってもいいですから堂々と演じてください。

　技術は当然長く稽古をしていく内に、うまくなるに決まっています。

　自分の現在の状態を表現するだけですから、堂々とやってください。

　少し長く稽古をしている人は、突きと足と腰との関係を、もう少し考慮してください。突きだけ、足だけという動きは効果はありません。

　突きはこうですと、はっきり言えるようにならないと効果がありません。

　腰高の人が大分目立ってきましたので、注意して下さい。

　拳をしっかり握ってください。初めての人は、特に名人芸では通用しません。本道場は、やたらと力むなという方向を採っていますが、間違うと危険です。ふぬけたものになっては突きは効きません。

　総合した力で、突いてください。力を抜いて、ただなんとなく格好だけで突いては、何の役にも立ちません。

　初めての人は、型から入ってもいいですが、だんだんとどうしたら総合の力が相手に入っていくか、それを追究しながら稽古して下さい。

　それから指導員の人に注意され直されたら、素直に直そうという思いがなければ直りません。

「空手道」第26号　昭和55年1月5日

昭和55年度前期審査会（昭和55年6月1日）館長講評
下腹にこたえる位の重心で

　毎回、講評内容が同じようだ、と思っている人が多いかもしれませんが、いつも同じような悪い所が見られるのです。
　まず、姿勢が高いこと、型をきれぎれに演じている人が多く見られました。
　初級者は、横蹴りが不徹底です。蹴上げでもなく、蹴込みでもないようです。はっきり区別して稽古してください。
　姿勢は低く稽古してください。体力的にもたない人は、徐々に柔らかくやっていると、いずれは低くなってきます。立ち方が、後ろにふんぞり返っています。脆くなりますので注意してください。
　引き手の遊んでいる人が数多く見られました。腰と拳と引き手の関係をよく研究してください。
　重心が胸まで上がっている人がいました。ひどい人は肩の辺まで上がっていました。
　高段者にいたるまでいましたので、注意して稽古して下さい。ズシッと下腹にこたえる位の重心の取り方をしてください。新しい人は、徐々に馴れてください。
　手と足と腰が、常に関連を持っていなければいけません。手だけでは、全く効きません。有段者になると違った型を演じるようになりますが、型を自分でなんとはなしに演じているようです。
　緩急も自前の研究結果を発表した人もいました。
　また型が違っている人もいます。細かい所に気を配ってください。
　後屈になると姿勢が高い人が目立ちました。足首の弱い人はどうしても姿勢が高くなりますので、足首をどうしたら強く柔軟にできるか研究しなければいけません。
　高段者で、肩に力が入っている人、腹になにもない人、踵の浮いている人達は、本当に拳、蹴りは効かないと思ってください。それを注意深くして稽古に励んでください。

「空手道」第28号　昭和55年7月10日

昭和55年10月10日〜12日　第五回全国指導者研修会館長講評
自分には絶対に妥協しない

　皆さんは、それぞれの支部で指導する立場の人達ですから、いろんな技術、理屈がこうあるべきだということは、知っていると思いますが、実際には、体がそのようには動作していません。
　常日頃、こうするのですと言っている事と、その動作とは違っています。
誰でも、完璧に出来ることではありませんが、自分の言っている言葉に合うような姿、形になるように、ずっと追求してもらいたい。今回のこの機会に一回でもいいですから、やってほしい。
　それから、自分に忠実であってほしい。自分には絶対に妥協しない事です。他に人との協調をすることとは違いますが。
　皆さん自身の限界を、どこに置くかということを考えないでください。自分はこれでいいのだ、と思ったならば、もうそれでお終いです。絶えず、先をと思って自分自身の内で考えて、稽古を続けてほしいです。
　また、理解の仕方が違うところがあります。
　受けと攻撃の技ですが、皆さんの場合は全部受け技が攻撃の技になっています。一時はそういう試みをした時期もありましたが。
　たとえば後屈手刀受けの場合です。後屈手刀受けを相手に躍り込んで動作をしていますが、それでは後屈にはなりません。躍り込まないのです。
　ただ誘い込んで切り込む場合には別です。
　躍り込んでは積極的な打ち技で、受け技とは違います。解釈の通りに動作してください。
　私がいつも言っていることですが、力と力のぶつかり合いはいけません。
　体の小さい人、大きい人、力の弱い人、強い人の全く関係のない世界、勝負を越えた、力較べでない世界を目指して稽古してほしいです。
　それを目標として精進すれば、必ず到達できます。
　また皆さん自身が指導する場合、相手が今現在どの段階なのか、どの段階までもって行くかを考えて指導してほしいです。
　自分には今何がほしいか、また自分自身で会得しようと思わず、ただ指導する人から物を与えるように与えてくれると思ったならば、何も得ることは出来ません。
　皆さん自身が、これから追求して行く"ヒント"をもらうのです。それを自分自身の内で温存し、発展させてゆくのです。
　指導者の皆さんが、自分の細かいクセを直す場合ですが、鏡の前に立ってする動作はウソです。ポーズをとっているのです。普段の通りには動作していないのですから、周りの人に見てもらって、注意を受けて素直に直してください。

「空手道」第29号　昭和55年10月31日

稽古の段階

　空手道に志して三十五年、年数だけは人並に重ねて来た。
　いまだに道を極めるには至らない。極めるという事が既に尾籠（オコ）の沙汰ということであろう。
　この三十五年を回顧してみると、私自身の稽古に幾つかの段階があるように思う。
　入部した動機は、はっきり言ってただ喧嘩が強くなりたい、それだけだった。強くなるために"沖縄に伝わる秘技空手"というのは大変な魅力であった。入部した連中の殆どがそうであったと思う。中には身体が弱いから、気が弱いから、根性がないからなどという人もあったが、それにしても強くなりたいという点に就いては同じだと思う。
　次いで単なる体技を離れて、精神的な面を探究するようになる。心と体の関係に就いて自分なりに考え悩む。心身一如の心境を求める。体技、心法を兼ね学び、本当の強さとは単なる腕力、体力の強さでない事を知る。「老幼男女に関係なく誰でも稽古が出来る」とはよく言われて来たが、果して此の稽古が老人や女に出来るだろうか。そんな疑問が出て来る。同じように稽古が出来て、しかも突き蹴りが同じように効かなければ意味がない。老幼男女、誰にでも出来る稽古をと志す。殊に女の稽古となると、強健な肉体を、美しい肢体を希求して始められる。体の線の美しさ、更にその動きの美しさ、全身美容の要素が要求される。そして稽古を重ねるうちに、みがかれた心の美しさが容姿に現れる事を知る。
　男女を問わず、力と美を追求し、更に美しく、より強くとの欲望は無限に拡大する。然し、そこで初めて人間の力には限界があることを知る。それが稽古かも知れないと思う。然し、美しくなりたい、強くなりたいという欲望、願いは消えない。その限界ギリギリまで力を出しきり、命がけの力をさぐる。そして矢張り人間の力には自ら限界のある事を知らされる。
　だが、弱いと思った人間が、時には不思議な力を発揮する。何故だろう。美しくなりたい、強くなりたい、何のために。初めて稽古の目的、目標は何かという問題が生まれる。"己れ"を放棄し、人間の本然に目覚めた時、宇宙と一体、神人合一、即身成仏の妙味を知ると言われる。
　我が歩く道は、最高至上への道と信じ、先達の指導を信じ、服従する。それが大切だ。服従は盲従ではない。心に信があるからだ。命がけの稽古だ。古人先哲の教えを学び、実践する。それが稽古という言葉の本当の意味だと聞く。
　命がけで残された教えは命がけで受けつがなければならない。稽古は命がけである。
　一所懸命。一所懸命。何のために稽古するのか、各人身を以て知ることだろう。諸兄の精進を祈る。

「飛龍」第三号

中央大学空手部　創立三十周年に当り
なんの為に空手を学ぶのか

　中央大学の空手部が誕生して、もう三十年になるそうです。
　私も生れて五十八年、空手道に志して四十年、そして中大にお世話になって十七年です。どうして……何の為に……という最も素朴な質問には、幾度接した事でしょう。その都度、自分の体験を語り、空手の効能書を並べて来ました。その通りにならなかったという理由で、随分うらまれた方もおられると思います。全く申訳ないことです。
　今また、どうして……何の為に……という問いを自分自身に向けて、シミジミと考えさせられているところです。
　どうして空手部に入り、何の為に稽古して来たのか。これをそのまま人生に向けてみると、どうして生れ、何の為に働き、何の為に生きるのかという事になります。そうなると重大問題です。人間の根本的な問題ですから。
　永遠無窮の時の流れに較べたら、四十年間など無いに等しい時間かも知れません。然し私にとって、一人の人間にとって、この四十年は大変な貴重な時間でもある訳です。
　或る時は波に乗り、或る時は流れに逆らい、浮きつ沈みつ、ただ懸命に生き続けて来たのですから。
　あらゆる不安と苦悩を乗り超えて、人間の可能性を試して、その限界にいどみ、安心立命の境地を知りたいと、生命の燃焼を続けて来ました。そして本当に弱い自分を知ったのです。力んでも、とりすましても、自己の能力以上には出られないという分りきった事を改めて知らされました。嘘も偽りもない、唯ありのままの、平凡な一人の弱い人間として、一所懸命でありたいというところに帰着した訳です。
　強くなりたい（体力向上、護身術）から、身心共に美しく立派になりたい（美容体操、精神修養）から、よくそんな事を言われます。然し、よく考えて見ると、そんな事は目的でなくて、全て結果であり、余りにも当然の事ではないでしょうか。
　そうありたい、そうなりたいと言う欲望から出発すれば、その欲望のみに捉われて、日々の稽古はややもすれば怠り勝ちとなり、そうならなかった時の悲哀もまた格別、己れの非を悟ろうとはせず却って他をうらむ結果となりましょう。
　強い弱い、美しい醜い、善い悪い。何を規準にして言うのでしょう。誰が判定するのでしょう。このような対立関係を超えて、絶対の境地と言うものは無いでしょうか。静かに自己を見つめ、自己の力を最大限に発揮し、自己の能力を伸ばし、自己開発に努め、そして身心一如の真の自己を知ること、更に自他の微妙な関係をもさぐり、自他一体の境地を知る事こそ、本当に大事な事ではないかと思います。
　どうして……何の為に……と言う問いに答える者は、自己をおいて無いようです。自己の責任において稽古し自ら知る、それ以外にないと思います。
　喧嘩に強くなりたいと願って、空手道に志した私ですが、今はただ、天を憧れ、己れをつ

つしんで与えられた生命を大切に、高らかに大らかに命の火を燃して、至上最高への道を歩き続けたいと念じています。

「飛龍」第四号

中央大学空手部　創立四十周年に当り
天を懼（おそ）れよ

　徹底的に強くなろうと思ったら、本当に仲よくすることを知れといいたい。本当に仲よくする、仲よくなるとは、具体的にどんなことだろうか。つまり相手と一体になる、本当に相手の立場に立つ。文字通り相手と同じに感じ、同じ気持になる。相手になりきる。その為には自我を捨てることが必要になってくる。常に相手の気持を大切に取り扱うということでなければならないと思います。

　現代流に自己中心主義で、自分さえよければ……という基本姿勢で、全て力によって、力ずくでおさえつけようとするような人達には、わかりようもない境地であろうと思います。しかもその頼りにする力だって、ホンのささやかな己れの力を過大評価した上でのことであれば、最早や言う言葉もありません。

　もう三十年近くにもなったようです。高木の丈さんを中心として、柳沢さん宮内さんと、大変に熱心な方々との出会い——有難い出会いがあって、私の空手道に対する縁もシミジミと深まり、文字通りに命をかけた求道の一生になったと思います。縁を大切にしなきゃとの思いもまた一入です。

　もう四十周年なんですね。その間の三十年近くをお世話になってしまった私です。有難う御座いました。有形無形にお世話になったこと忘れることは出来ません。この機会に心からお礼申します。

　沢山の、いろいろな方々の力で、空手道もすばらしい姿で今日まで発展して来られたものと思います。しかし、これでもういいという完成の姿にはまだ遠いと思います。自己の力を過信することなく、天を懼（おそ）れ、自我を捨て、日進月歩して下さい。

　四十周年、お目出とうございます。

「飛龍」第五号

近頃思うこと

　私はもう六十二歳を過ぎました。それも、フト思うと六十二になっていたという驚きで自分の年令に思い当る訳です。この年になるまで何をして来たんだろう。俺の一生とはどんな一生なんだろうと、半ばうすら寒いような思いにかられている訳です。何時までも若い積りでいる自分、何時までも若くありたいと願っている自分でありながら、何時か「近頃の若い者は……」などとほざいている自分を見出す時、過ぎゆく歳月の早さをシミジミと感ずるものです。
　ジッと考えてみると、矢張り六十年とは長いものです。
　いろいろなことがありました。生まれ落ちると間もなく死にかけた私は、その後もズッと弱く、体ばかりでなく、頭も、心までも弱かったのです。
　劣等感にさいなまれながら、ひねくれて、ふてくされて過した小学生の頃、そして半ば不良がかった中学生の頃、不良係りの刑事に追い廻されていた事を思い出します。中学の高学年の頃にはすっかり酒の味を覚え、大学予科から本科へと進むにつれ酒量もふえ、のんだくれの生活が続き、よくも卒業出来たと思う位です。大学を出た頃は不況のドン底、それでも親父の口利きで、殆ど決定していたのに、世話する人の口のきき方が気に喰わないと、小さい頃からのひねくれで蹴ってしまいました。
　自分で事業を興すの何のと言いながら、普通の勤めが出来るかどうかわからないという本心の劣等感をひたかくしにして、親父から金を巻き上げては遊びほうけ、放蕩無頼に過したのが二十八歳まで。
　遊びも殆ど卒業の域まで行って、フト世の中がつまらなくなり、死のうとして失敗、馬鹿馬鹿しいと思いながら、又生きることになった訳です。男三十前という言葉がありまして、それを自己流に解釈して三十迄は何をしてもいいんだ。三十過ぎたら本格的に人生を見つめ、将来を考えればいいんだと、ふてくされの一本槍。全くどうしようもない男だったんです。
　人様に「近頃の若い奴等が……」などと言えた義理じゃないんです。恥かしいことですね。時折反省して苦笑することもありますよ。
　その当時の面白い話が沢山ありますが、何れ又機会があったらということにしておきましょうか。
　死に損ねたから何となく生きなきゃならない。生きるためには稼がなきゃという訳で、一時期会社勤めをしたことがあったんですが、生来不出来な上に、飽きっぽくて我儘と来ているからどうしようもありません。つまらなくなって止めてしまい、又々ブラブラしている頃、どうした風の吹き廻しか、役人になってしまったんですよ。心機一転して真面目にやろうと考えた訳ですが、それが又行き過ぎて、形ばかりのコチコチ野郎に一変という訳です。しかも我儘に変りはなく、勤めぶりも無茶苦茶という始末。勝手な時に出かけていって、勝手な時に帰って来る。出勤退庁ただならぬときついお叱りを受けたのも再々。果ては、こんなぬ

るま湯みたいな生活は嫌だと、強引に止めてしまいました。何をやっても長続きしないのです。

　三十をいくつか過ぎて、思いつきで郷里に帰り、親も兄弟も、誰も望みもしないのに、勝手に親父の跡つぎをするんだと、独り決めに決めこんで土建屋になり、それでも執念深い処もあって、仕事を覚え、時期がよかったのかトントン拍子にうまく行き、当りに当って一時は相当巾広くやったものでした。でも、好事魔多しとか申します。余り調子に乗り過ぎて大失敗。倒産して、此の時ばかりは他動的に止めざるを得なくなった訳です。

　頂上から奈落に落ちた人間のみじめさを、心の髄まで味わわされ、生きる希望を失って、ただもう劣等感の固まりみたいになって、一時期死ぬことばかり考え、死ぬ方法ばかり考えたものでした。

　この時も、また死ねなかったんです。卑怯というか、未練というか、兎に角駄目なんです。臆病で小心の私には、恐ろしくて死ねなかったというのが本音でしょう。一応、子供達の為に生きようなどと、恰好いい事を口にしても、本心は弱い甘ったれの私なんです。

　本当に、きびしく生きるということに思い当ったのは、もう四十歳の頃です。

　十有五にして学に志し、三十にして立つと言いますが、四十にしてやっとヨロヨロと立とうと試みる、そんな私です。オクテなんでしょうか。四十にして惑わずなんてとんでもない。考えあぐね、迷いに迷っていた訳でした。

　マア、考えてみれば、その間、よくもまあ空手の稽古だけは続けたもんだと思います。よくよく空手に魅せられたといいましょうか。執念深かった所為でしょうか。或は他に何もすることがなかったし、他に取柄がなかったのかもしれません。

　その頃フトした縁で、中大の空手部の人達と結ばれ、何時の間にか空手を専業とする男になっていたものです。

　中大の夜間稽古を始めてからも、もう二十三、四年になりましょうか。何か、こう、空手によって生かされて来たような気がしてならないのです。何をしても長続きせず、ウダツもあがらない男が、此処にこうして生きている。有難く、不思議な気がしてなりません。

　この二十年余りの間にも、開腹手術を二回やり、その度に、今度こそ死ねる、今度こそ死ぬと思ったものでした。そんな時、何時も助けてくれたのは空手の仲間だったのです。

　やっと空手屋として、空手に専念して一生を終ろうと決心してからでも、もう十四、五年になりましょうか。曲りなりにも、いろんな人達の援助で暮しも立ち、子供達も段々成長して、最終段階に入った頃、心臓マヒで倒れ、あの世へ一歩踏みこんだのですが、それも何とした事か、十分か十五分かの仮死状態から蘇生してしまったのです。

　その頃です。生命の不思議を教えられたのは。生命の尊さも本当に知らされました。人間には決して生命を自由にすることは出来ないものです。ただ一人で、他人とは何のかかわりもなく生きている。そんなことを考えていた自分が恐ろしくさえなります。心臓で倒れた後の四、五年、つい三年程前までです。毎日毎日が薄氷をふむ思いの連続でした。そんな時は、人間の活力の交流、本当の人と人とのつながり、そんなものを、この体でジカに感じさせてもらったものです。こんなこと、話をしても信じてもらえるでしょうか。他の人々が信じようと信じまいと、私にとっては真実なのです。

人と人との結びつき、かかわり合いを大切に、有難いことと、感謝しながら、生きる喜びにひたっている今日この頃です。

　自分のやりたいことに、全生命を打ちこめる。こんな楽しいことがありましょうか。こんな素晴らしいことがありましょうか。物や金ではどうにもならないものです。

　ドン底の生活で、その日の米にも事欠くような中でも稽古に専念することを、黙って許してくれた女房。お先真暗な生活の中で、病に倒れた時の、周囲の人々の心尽し。稽古稽古に明け暮れ、全てを稽古に結びつけての生活。何度も何度も、死ぬべかりしものを、生かしてもらった大きな力。そんな諸々の力に支えられて、今、此処に、こうして生きていることの有難さ。感謝感謝の日々を送らせていただいている私です。

　私程心豊かに暮させてもらっている人間がいるでしょうか。何も彼もが有難いことで一杯です。

　生きている。生かされている。この私はまた何かの使命があるものと思い、毎日毎日の生きザマを我と我が身に問いかけ、時が来て素晴らしい死にザマをと念じています。

『江上茂追想録』より

江上空手の源流

日本空手道松濤會理事長　廣西元信

○まえおき

　昭和三十二年四月二十六日、恩師松濤翁・船越義珍先生は逝去されました。
　次の日、葬儀の主体、主催団体のことで、小石川林町の船越家の近くの旅館の大広間で会議がもたれました。というのは、日本空手協会が、協会主催の協会葬でなければ、葬儀には参加しない、といっていたからです。
　この日本空手協会の主張には、私も江上君も大変なショックだった。特に江上君にとっては、常識上、想像もできないことだった。義珍先生の長子、義英先生は、次のようにいわれていました。
「父の葬儀は、松濤會葬として行います。父は松濤館長と松濤會長の二つ以外には、どのような長もしていなかったし、今日、松濤館が焼失していますので、松濤会葬に致します」
　葬儀では身内、特に長男の発言が最も尊重されています。これが伝統的社会の慣習です。われわれとしては、義英先生のお手伝い、という立場にあったからです。
　近くの旅館の大広間に集まった者は、約五十名弱でした。
　午後の一時から、ということであったが、実際には、午後二時から始まり、延々と激論がくり返された。

　私は司会者・議事進行係ということだったので、余り発言しなかった。江上君が、もっぱら、義英先生の意見を伝え、協会側を説得する、という役割りになった。柳沢基弘君が中央大学を代表して、説得役の江上君の補強役となっていた。
　日本空手協会側は、慶応、拓大、法政大が主軸であり、戦前からの空手界での名門校である。松濤會側は中央大以外は、専修、学習院、東京農工大、成城大といった、戦後に創立された空手部であった。したがって、松濤會、日本空手協会といった論争には、余り詳しくなく、積極的に発言はしなかったが、松濤會葬に基本的に賛成の立場だった。
　早稲田大学は微妙な立場であった。その空手部は協会の趣旨に賛成し、積極的に協会行事にも参加していた。ところが、松濤會葬の葬儀委員長は、早大体育局長の大浜信泉先生（後に早大総長）ということで、既に快諾されていた。
　大浜先生は沖縄の出身で、義珍先生とは永い親交があり、また早大空手部創立以来、部長を務められた方であった。
　早大空手部としては、葬儀委員長の大浜先生の意を無視して、葬儀をボイコットすることはできない。だが、協会側が松濤會葬に参加するよう、積極的に説得する、ということでもなかった。
　心は協会側にまわっていた（後年、萩原正義〔OB会長〕、野口宏の個人名で、松濤會を

正式に脱会通知書を送付した)。だが大浜先生が松濤會葬儀委員長であり、江上、廣西もまた、早大空手部の先輩の一員である、といったことから、殆んど発言をしなかった。

　松濤會と日本空手協会との葬儀主体についての激論といっても、その内容は、堂々めぐりのものだった。同じような言説の繰り返しに終始していたし、また、そうならざるを得ないような雰囲気であった。

　江上君の主張は簡にして要を得たものであった。要するに、義英先生（後に第二代松濤會長。昭和三十六年三月二日逝去）の意志を代表して説得した。松濤會葬に参加しないということに悲憤の言葉をつらねていた。
　協会側の態度もはっきりしたものであった。それは理論をつらねる、ということではなく、要するに、日本空手協会葬でない限り、協会は葬儀に参加しない、という態度表明であった。
　夕食時、それぞれ、そば、丼物を取りよせて会議は続行された。しかしその頃には、協会側を説得することは不可能である、ということが次第に明瞭になって来ていた。というのは、拓大、慶応、法政大などは、それぞれ申し合わせたように、船越家の霊前に持参していた空手部旗を「明日学校の行事に必要なので」と引き揚げていたからであった。
　午後七時、松濤會葬に参加するか、しないか、ということで個人別に、決裁することになった。こうする以外に、もう手はなかった。当時は、夜の八時になると、帰宅に交通の便が悪い人も多かった。
　思わぬ人が賛成の意を表明したり、また思わぬ人が、堂々と反対したりして、びっくりさせられた。わずかに、救いとでもいえることは、賛成、反対を、空手マンらしく、明確に意志表示したことであった。

　この日の大広間での堂々めぐりの激論の中で、ただ一つ、実のある話題となったことは次のことだった。
　日本空手協会は、義珍先生を最高技術顧問として推戴している。義英先生のいわれるように、義珍先生は松濤館長、松濤會長だけではなく、日本空手協会の最高技術顧問という長である、との協会側の主張があったことである。
　前述したように、協会は理論をつらねるという態度はとらなかったが、この最高技術顧問という長、との主張が、いわば唯一の根拠のようであった（協会側には別の思惑があったが、ここでは記す必要はない）。
　私は司会者・議事進行係ということで、発言を禁慾していたが、この場合には、特に個人として、司会者としてではなく、事実の錯誤を訂正する、という意味で発言を求め、次のようなことを述べた。

　「日本空手協会は太極の型を認めていないし、稽古もしていない。協会側は、この型を義豪先生の創設した型といっているが、それは事実に反する。義豪先生だけ、一人で創設したものではなく、多くの高段者が参加して苦労して出来たものである。拓大の先輩の釘宮さんも、

その参加者の一人です。戦時中、義珍先生の『空手道教範』の再版発行の際には、この太極の型は、別刷りの付録となって発刊されています。つまり、義珍先生の名によって発表されているわけです。義珍先生を最高技術顧問としながら、太極の型を稽古しない、認めない、ということでは、弟子筋の一人として、大変、困ったことだと思っている。これは、司会者としてではなく、あくまでも私、個人としての発言です」。

　その年の十二月、協会の首席師範である中山政敏君が私を訪ねてきた。「何が何んでも協会に来いよ」「理屈をいわずに、協会に入れよ」ということだった。私は次のように答えた。

「まず船越家に謝罪に行ってこいよ。葬儀をボイコットした団体に、僕が加入する、というわけにはゆかないじゃないか。それに太極の型を義珍先生創設のものと認め、稽古したらどうだ。この二つの条件が整備されたら、その後で考えることにしよう」
「君のいうことは、いつも正しい。だが、そんなこととは別に、まず協会に加入して、それから君の意志が通るようにしたら、どうなんだ」

といった、やりとりであった。協会は太極の型を義珍先生の創設した型である、ということだけは認めるようになっていた。だが、その後も、これを稽古しているわけではなかった。

「中山君、お互いに空手の技術屋として苦労した仲だ。少くとも君だけには解って貰えるだろう、と思っているが、君が教えて育てた弟子たちが、あれは、義珍先生の葬儀をボイコットした団体の者たちだ、などと、後の世にいわれるようなことになると、君が教えた弟子たちは、かわいそうではないか。そんなことにならないようにしてくれよ。私に協会加入をすすめる前に、何はともあれ、船越家に謝罪に行ってこいよ。儀礼としても、例え形式的な様式としてでも、その程度の形を整えたら、どうなんだ」

　この日を最後にして、中山君とは再び話し合うような機会はなかった。
　早稲田大学は、萩原、野口両名の名で松濤會を脱会する以前から、協会の行事には積極的に参与し、協会に理事も派遣し、試合にも参加していた。だが太極の型は演練していたし、今日でも稽古しているようだ。

○型と形

　「まえおき」が長くなった。江上空手の源流について述べるということになると、どうしても、最少限、以上の程度の「まえおき」を述べないことには、その源流の意味内容が理解されないだろう、と思われるからである。
　日本空手協会の葬儀ボイコットは、各人に衝撃を与えたが、その受け取り方は、それぞれの立場によって、いろいろと異なっていたであろう。

私と柳沢基弘君とは、いよいよ来るべきものがきた、との思いだった。協会側の今までの行動、態度からして、葬儀のボイコットなどは必然だろう、と思っていたし、またそのことを話し合ってもいた。
　その私と柳沢君との間でも、受け取り方には、微妙な差があった。戦後、協会側との折衝で、一番に苦労したのは柳沢君であった。中央大学を代表していたからである。
　協会側は廣西は頑固で駄目だ、ということになり、そこで、圧力はもっぱら柳沢君に掛かっていた。柳沢君は終始一貫、態度は立派な対応であった。私よりも、むしろ直截、明確だった。それに中大を代表しているという持場があった。私はいろいろと協会を批判してはいても、そこには、かつて同じ仲間として、汗を流し合った行きがかりがある。何んとか反省してくれるのではないか、との思いを捨てきれないものがただよう。柳沢君は義珍、義豪両先生に教えを受けた人ではあるが、協会の幹部との縁は薄い。
　協会側が中大にいろいろ折衝してくる過程で、柳沢君は礼を失しないように、丁重にことわっていた。だが事態は一変してしまった。その後の柳沢君の受け言葉も変った。「葬儀をボイコットするような団体とは、中央大学は話し合いたくありません」と。

　協会についての記述はこの程度にしたい。私が協会に関して、文字として記述したのは今回が初めてである。話しとしては松濤會の幹部には、ボイコットの件以外のことでもいろいろの機会に詳しく話したこともある。だが、その場合でも、私が記述する以前には、文字として記述しないように、との前置きの上でのことである。将来の参考として、話しとしては話してもよいが、紙上で発表しないように、との注釈づきであった。早稲田大学が松濤會を正式に脱会した経緯についても、今回が初めての記述である。
　以上のようなことは、私からも柳沢君からも、江上君はよく聞いて知っていた。話しとしては熟知していた。だが江上君も、協会側が葬儀をボイコットする、その態度を、目の前にし、自身が説得の役に廻った立場で折衝するということになって、始めて、私や柳沢君からの、これまでの話が真実味をおびてくることになる。最もショックを受けたのは江上君であった。そしてそのショックが、将来の江上空手の培養源となった。

「オイ、廣西、協会がどうして、あのような態度を取るのか、納得できるように説明してくれよ」
「冗談いうなよ。僕にだって納得できないものを、人様に解説なんか、できるものではないよ」

　江上君の立派さは、そのショックを技術の世界で、身体の動作で受けとめたことである。そこには空手マンとして面白躍如たるものがあった。

　空手の型は、動きとしての形でなければならないだろう、というのが、大学を卒業して兵隊に入営するまでの間、義豪先生を中心として江上、私、植村茂君（三重県船津で病気静養中）らとの話題だった。
　一般的な標準型としての型ではなく、動きを内包する形、心を孕んでいる形、型と形との

微妙な差異、これが課題の中心であった。そしてそれが後に、太極の型、天之形、地之形として、考察されることになる。だがそれはまだ、模索中の試案であった。が、模索型ではあったが、それは後に、自身の能力の極として、出来るだけ早く演ずる太極の形、或は超緩速度、ゆっくりゆっくりと稽古する太極の形として、緩急自在に自作自演し得る形として結実されることになる。そしてこのこと自体が、伝統の型に投影することにもなる。
　協会側は、空手の型を、固型の、鋳型の型として受け取り、出来上がったものとして墨守し、更にはそれを興行化する。そんなことが葬儀のボイコットなどのことになったのではないのか？これが江上君がショック後、しばらくして立ち直ってからの見解だった。この見解、批判が的を射たもの、正直であるか、どうかは、今やどうでもよいことだった。そこには、協会のことなどは忘れ去り、そんなこととは全く別の新しい展望が開かれていた。

　仏教語にいう。心は形を求め、形は心をすすめる、と。だが実際には、形は応々にして心をすすめるのではなくて、固型のものとして固執されることになる。神やホトケの心を形象化しよう、という精神は、すくなくとも最初の動機は立派であり、尊敬すべきことではある。しかし、その形象化は、後には、心をすすめるのではなくて、しばしば形骸化されて来たのが歴史的現実である。神社仏閣の壮麗さの宴を競うことになる。
　型に固執してはいけない。形でなければならぬ。しかもその形も、稽古の段階としてのもの、新しい心を練り上げるための手段である。その手段は、心を先取りしたものを内包させていなければならない。
　江上君は、葬儀ボイコット事件から立ち直り、新しい展望の下で、まるで、憑かれたように江上空手を教えることに情熱をそそいでいった。稽古に熱中している者だけがもつ、輝いたものがあった。

　一生は稽古である、とは江上君の好んでいった言葉だった。君は多くの弟子にかこまれて、声望の中にありながら、決して初心を忘れるようなことがなかった。

「僕の突きは、奥山（忠雄＝早稲田の後輩）の突きを盗んだものだよ」

　江上君は、多くの門弟たちのいる座談の中でも、しばしば平然として、そのようにいい放っていた。自身が門弟たちから神格化され、伝説化されることを避けるためだった。
まことにフランクな気風だった。
　いわゆる江上空手は、従来の空手界のレベルを一頭、抜き出たものだった。それは質の差異である。特に間合いの研究において、他の追従を許さず、超えたものであった。
　多くの弟子たちも、江上空手の一端を身につけることによって、それが従来の空手とは異なるものであることを、身体で納得して、誇りとするようになった。それは理屈ではない。相手と対決した場合、おのずと自得される自身の優勢性が、江上空手の真価を明証していた。

○晩年の悩み

　江上君は晩年、病気がちであった。生涯を稽古と思い、初心を忘れず、情熱は持続していたが、病気は何ともならなかった。つい弱気を出すこともあった。

　生涯を空手一筋に生き、いわゆる江上空手を仕立て上げ、多くの門弟たちに囲まれ、尊敬されて暮した江上君は、常人以上の偉業を成し遂げた人であった。

　だが晩年になると、いろいろの悩みを打ち明けるようになった。それは一つには、依然として、空手に関する初心の情熱から、ほとほり出るものであった。

　従来の空手のレベルを乗り超え、脱脚するために、過早に、心を強調しすぎたのではなかろうか、といった反省も含まれていた。

　「巻藁練習などは必要ない」とは江上君の言葉である。私もこのことに賛成である。そしてこの言葉は、私達がかつて巻藁突きをしたので、そのようにいうことが出来るのだ、と受け取られることが心配であった。

　実際に、巻藁突きなどは必要がない。しかし、それは、従来の空手のレベルを乗り超える捷径の手段としての意味も大きく含まれていた。拳を鍛えることに熱中すると、どうしても身体の動き、間合いの取り方に熱意が不足することになりがちになる。従来の空手を大きく切り換えるためにも、巻藁突きは練習しない方がよい。

　だが、このことは別として、そのことが正しいとしても、初段となったら、巻藁突きも少しは試験してみたらどうか。これが江上君の晩年の考え方であった。対象としての巻藁突きは、従来の考え方とは大きく質を異にしてはいるが、たまには、突いてみるのがよいだろう、との考え方だった。

　江上君が考え方を変えたわけではない。それは、従来からの考え方の延長線上のものではあるが、自分の教えた門弟たちの現状をみて、手段として若干の方向を変えただけのことであった。そしてこの微妙な変化は、他のこととも関連したものであった。

　「素直になれ、自然の動きに合わせるべきだ」とは江上君の自説であるが、それでは不自然、素直でない、ということは、どういうことなのか？　不自然を知らずして、自然は会得できない。変形、破形を知らずして素直の意味も理解できない。変形、破形も、たまには実験してみるべきだ。

　不自然を実験してみて、そこで、新しい素直さ、質を超えた素直さが解る、というものである。こうした考えもあり、更には江上空手の土俵の上で、多くの弟子たちも成長していた。江上君にも気持の余裕もできていた。異を強調するより、異を取り入れて行こう、との思いもあったであろう。

　今一つは、それが最も大きな要素であったであろうが、江上空手が、今や、単に一つの様式として、形骸化され、真似ごとにされる、ということに関しての危惧であった。

　こうした危惧は、晩年になっても、江上君が万年青年のような情熱を持ち続けている、ということの現われでもあった。あくまでも初心を忘れず、探究の心構えからのものであった。

江上空手の特徴の最大のものの一つは、入り身である。
　相手の突きと同時、或は先を読み取って、相手の内に切り込んで行くこと、間合いの取り方である。それは相手と、相突きとなる、激しく対決する意志である。自身も、当然、何程かの傷を受けることを、前提とした入り身のことである。

「どうも、この頃は、入り身ではなくて、すれ違い、逃げているよ」
　これが江上君の悩みであった。自分が念願とし、一応、成し遂げたとの思いの入り身が、若い世代においては、逃げの様式として採用されだしている。そのことが、江上君の心配の種であった。
　かつて、協会側の固形、鋳型の空手型を、批判的に克服して、入り身の技法を成し遂げたとの思いの江上君にとって、今度は、その入り身が、固型のものに変質され、逃げの様式に変貌されつつある、ということは、江上君にとっては、新しい、別の悩みであった。
　心は形を求め、形は心をすすめる。自分が生涯に苦労し、病を押して成し遂げたと思うものが、今や、形をすすめる、のではなく、形骸化、様式化されつつある。そこに江上君の晩年のいらだちがあった。

「僕を訪ねてくる若い者は、だんまりを続けているだけで何も発言しないんだ。型の細かい意味を質問するわけでもないんだ。何の質問もないんだ。何のために訪ねてくるのか、まるで解らないんだ。僕の顔を見るだけ、訪ねて来た、という実績を積み重ねるためだけ、という風なんだ。僕だけが、一方的にしゃべりまくっているので、疲れてしまうよ。彼らが帰った後では、まことに、むなしいよ」

「若い者は、少しでも批判、注意すると、もう逃げ腰になってしまうんだ。中には、もう訪ねて来ない奴もあるんだ。対決し、あくまでも真実を追求する。何ものかを身に取り入れ、会得する、という探究精神はないらしいんだ。間違いを指摘、注意しても、反省もなければ謝るわけでもないんだ。逃げてしまうんだ」

　敗戦後の青年たちが、かつての私達の時代とは違って要領がよくなっている、ということは一般的な風潮である。そのこと自体は、それほどに非難されるべきことではないだろう。ある面からいえば、むしろ、時代の進歩といえるのかもしれない。
　先人が苦労して成し遂げた成果を要領よく受け入れる、ということは、文明の常道かもしれない。「苦労せずして出世する法」というタイトルの映画があった。正に戦後の時代を象徴する題名であった。それが時代の一般的風潮、傾向であるなら、それはそれとして、如何ともし難い。だが江上君の悩みは、若い空手マンたちが、この一般的風潮を更に、より増幅しているのではないか？　との思いである。

　先人の成し遂げた成果を要領よく先取りするのではなくて、その成し遂げられた成果から、逆に、それまでのプロセスを、超緩速度で遡及する。そのことによって、その成し遂げ

られた成果を、再検証し、再評価することによって、実際に自分の身に着ける、という精神のことである。「動作と動作との中間、そのプロセスはいい加減でありながら、最終動作は、名人藝を真似したものになっている」。江上空手の弟子たちが、一般的な時代傾向としての要領のよさを、更に、より増幅さえしている、との思いは、江上君にとっては深刻な悩みであった。

「入り身の技法が、逃げの様式として形骸化され、あやしげな真似ごとになっている。その逃げの様式を、日頃、繰り返している間に、その逃げの行動様式が、逃げの精神を増幅する、というようになったのではないだろうか？」

「江上空手が、その精神とは正に逆に、逃げの精神を倍増するようになったのではなかろうか？」

　行動と心とを一体として凝視する江上君にとって、自身が苦労して成し遂げた成果が、安易に形骸化され、逆の、反対のものとして様式化されている様をみるのは、痛い、やるせない思いであった。
　入り身の技法を疑うということではない。それには確信があった。だが、教育のプロセスとして、若干の誤りがあったのではないか？　受け取る側の精神状況、一般的時代傾向との間に、若干の喰い違いがあったのではなかろうか？　そうした思いが、晩年、初段になってからは、たまには巻藁突きも試みてみて、少しは痛い思をするのもよいのではなかろうか、といった考え方になったようだ。

「廣西、君は逃げの風潮を、どのように受け取っているんだ」
「思いは同じだよ。どうこういってみたとて、簡単に立て直すわけには行かないよ。しばらく時が必要だよ。これ以上、逃げが増幅するか、それとも、この程度でストップして、その状態が持続されるのかどうか、それからの問題だろうよ」
「君は身体が丈夫だから、そんなのん気なことをいっているが、何か名案を出せよ」
「僕にだって、名案なんか、あるものか」

　晩年の江上君との会話は、とかく、こんな中途半端なことで、後が続かなかった。具体的には、演武型の細目の点で、プロセスをより重視する、という方向の中で、模索して行こう、ということであった。

　江上君は逝去してしまった。本来なら私は君の遺志を引き継ぎ、若い空手マンたちを盛り上げて行くべきであろう。だが実際問題として、私も疲れてしまっている。身体はまだ丈夫な方である。だが精神状態は、ひどく疲れていて、立ち直りそうにもない。
　君の他界が、何か、今までの支えを無くしてしまったようで、無気力な空洞の中で生息しているような感じである。

本来なら、君の遺志を受け継ぎ頑張る、とでもいうべきなのだろう。だが、そんな、慣例的な追想の言葉を述べるのは、今日の私の心の空洞を、極彩色のウソで塗りつぶすことになろう。

　江上君、いずれ私も君の側へ、傍へ行くことだろう。その時はまた、われわれ青年時代からのことを回想して、大いに話し合おうよ。しばらく待っていてくれよ。

江上館長の思い出

松濤會顧問　戸川幸夫

　私の古い写真帖をめくっていたら、私が新聞記者になりたての頃、通っていた目白雑司ヶ谷の松濤館道場の写真が出てきた。いまは亡き船越（私が最初にお会いしたときは「富名腰」と書かれていた）義珍先生や、三男の義豪先生の写真が懐しくあった。それに混って、江上館長の写真もあった。

　江上さんのは上半身裸体で構えている写真だが、すばらしい肉体美で、贅肉など一つもない。汗に濡れた筋肉のもり上った肉体美は彫刻家が見たら、涎を垂らしただろう。

　思えば、そのころは江上さんも、廣西さんも私も若かった。私はたしか二十七歳ぐらいじゃなかったかと思う。義豪先生は写真も上手だったから、空手の組手を写真に記録して置きたいというので道場の幹部である江上さんや廣西さんたちをモデルにして、実際に激しい組手をさせて撮影されていた。

　今でこそ空手のことは誰でも知っており、海外まで拡がっているが、この頃は空手といえば恐ろしい殺人拳法のように世間には思われていて、道場に通っていると秘密集団に加盟しているように思われた時代である。

　義珍先生は常に「空手に先手なし」を教えられ、空手を喧嘩に用いることを厳禁されていた。幹部の者も、道場に通う練習生も、みなそのことは肝に銘じていたから、松濤館の者は礼儀正しい若者ということで、近隣には評判がよかった。

　それでも空手に対する誤解は一般にはあったから、義豪先生がこの写真を撮られた真の目的は、正しい空手教範を出して多くの人に空手というものを知ってもらいたいという念願からだったろうと思う。

　この撮影に当っては、先生も真剣なら、演武者も真剣で、なんどか本当に拳が当ったり、蹴込まれたりして失神したりした。私の所有している写真の中にも悶絶寸前の場面が写されたのがある。

　ところで、私が江上さんに最初に逢ったのはいつだったか、はっきりしない。

　ある晩、稽古のとき、道場の片隅で相手にどんどん突かせながら、それを両手は腰にあて

たまま、足だけでぽんぽんはじきとばしている人がいた。その足はまるで、手のようによく動いて、足うらで相手の横っ面を張ったりもする。びっくりしてしまって、あの人は誰ですか？　と隣の人にたずねて、江上さんだと知った。おそらく船越門下で江上さんほど足のよく利いた人はなかっただろう。

　だが残念なことに、私は一度も江上さんに稽古をつけてもらったことがない。というのも稽古時間がお互いに違っていたからで、当時毎日新聞の社会部記者だった私は、朝は比較的時間に余裕があったが、夜は十時ごろまで拘束されていた。そんなことで夜の稽古には殆ど出られなかった。

　私は先生に特にお願いして午前と午後に稽古してもらっていた。江上さんは夜の師範代だったから顔を合せることはなかったわけだが、それでも道場の幹部会のときにはよく一緒になって意見を交換したりした。

　江上さんが、松濤館の館長になられたとき最適任者だと喜んでいたが、逝去を知ったときは悲しいというよりも無念でならなかった。

道場開きの日に

中部航空方面隊司令部幕僚長・空将補　船越一郎

　昭和五十一年一月十八日、再建された松濤館の道場開きの日に御招待を受け、心からなる御処遇を賜ったことは、私の栄誉であり、なつかしい思い出です。

　私は船越義珍直系の孫ということで、いろいろ各方面の空手関係の行事に招待を受けがちになるのですが、今まで、一度も、そうした招待には出向きませんでした。

　しかし松濤館ということになると、全く別で、私は心から感激し、参列させてもらいました。

　その日はまた、久しぶりに、江上、廣西両先生にお目にかかりました。そして、思えば、この日がまた、江上先生との最後のお別れの日になってしまいました。

　江上先生に最初にお目にかかったのは、私が物心のついた頃、松濤館が本郷真砂町の斜面の中腹あたりにあった頃のことです。その後、道場は豊島区目白へ移りました。その頃には私も小学生となっており、江上先生に、相手になってもらったことを憶えております。

　戦後、私も早稲田大学に入るようになり、またしても江上、廣西両先輩の後輩ということになりました。

　江上先生が故義珍の霊前で、松濤館再建の決意について、涙ながらに誓われていたことは、私は母から、しばしば聞かされていました。

　道場再建の日、御指命により、私は次のようなことを申しました。

「苦難の道を歩み続け、ここに見事に道場再建を結実されたことを、厚くお礼申し上げます。故義珍並に既に他界した父の義英、叔父の義豪も、心底から喜び、感謝しているものと確信しています」

　江上先生とは、前にも申しましたように、この日が久方ぶりであり、そして最後のお別れの日となってしまいました。しかし、その日、申し述べた私の心情は、今日の心情でもあります。有難度うございました。江上茂先生、お冥福を心からお祈り申し上げます。

超松濤館流

学習院大学空手部長　工藤張雄

　江上先生の歿年の文「天を懼れよ」が、先生の四十九日の忌明けの際に朗読された。高く高く常に登っていかれる先生と、天にまで昇られた先生とが、二重写しされて、悲しかった。

　「松濤館流」の空手は、船越義珍先生（松濤は号）が大正年間、内地に一番早く導入され、江上先生は生涯をかけて船越先生の一番弟子である。江上先生は、船越先生のお若いころの空手は、力みのない柔軟な空手のはずだったから、それに戻したいと言っておられた。
　このため江上先生の空手は、「船越流江上派」と思われがちであるが、そうではない。「船越・江上流」として、「超松濤館流」の創始者である。
　この発言を師匠思いの江上先生がお叱りになるなら、それは正しくない。昭和の十年代、二代目船越義豪先生と兄弟弟子の江上先生とが、お二人で、初代義珍先生のさらにその上につみ上げることが夢だった。だが義豪先生が夭逝なさり、その分まで、江上先生が涙ながらにつみ上げられた。つまり、「超松濤館流」こそが当然で、「超松濤館流」にならないとしたら、義豪先生に申し訳け立たないことである。
　私は以上の三先生に直接稽古着を着て、空手を習うという、唯一人の例外的宿命をもつため、「超松濤館流」がしみじみと発言できる。「超松濤館流」を江上先生に銘うつ場合、別の意味で怒る方も多々あろうが、やむをえないことなので、がまんしていただきたい。

　柔軟で力みのない空手の発掘は、昭和三十年、先生の四十二歳ころ、学習院大学の空手指導の初期前後に始まり、先生はそれまでに得た空手をどしどし捨てておられた。突き、受け、立ち、蹴りという基本の形まで、一、二か月で変えるため、上級生は下級生に対して、劣等感で苦しんだ。それ以上の劣等感を先生はかみしめておられたのだ。
　合宿中私は日々十時間近く、先生とお話しできた。先生はいろんな人やわざに感心される。その柔軟さや追求心は、十代の少年を思わせた。日観・月観はすでに始めておられたが、遠

当てやテレパシーについて私にさえ質問された。

　人体に電磁波が流れ両手の間で放電する話を私がするとひどく感心なさった。なお当時、親和体道の井上方軒先生に驚いて話をされた。突きの目標は一間さきだ、目で見えない離れた所の稽古が分かる、相手に触れないで倒せるなど。

　その翌年、昭和三十一年から二、三年間、二回も開腹手術を受けて具合はまずく、以後先生は普通の稽古着を着て、実技を示せなくなった。いわば体を使えない武道家が存在価値をもちうるか否か、ほとんど絶望的な前人未踏の難問が、四十代の課題として始まった。劣等感にとびこんだ時であり、しかも社会的経済的困難もあわさって襲った。

　稽古もできず、さいなまれ、先生は、病床で工夫された。目をつぶって人の気を感じうることの発見は、よみがえりと言ってよいのではないか。その喜びと希望は心眼とともに芽生え、新しい人生が始まる。

　昭和三十八年、人体の磁波は右から入ることを七年がかりで見つけられたのは、五十歳の時で、それから二、三年後、はなれた空手、遠あての空手、見えない空手など、井上先生の課題をばたばた解決・発見された。

　つまり、先生は、私が見るには、二十代の天才的早成と、五十代の大器晩成と、二人分の空手人生を生き直された。この中間のサナギの時期が四十代で、迷いと劣等感とのなかに、硬さも体も捨てきった。神を恐れるゆえに。

　五十代の再出発でもう一度、一人前になられた。気や遠当や電磁波の発見とともに、軟・弱・柔のるつぼの中で、心と体とがとけあった。しかも心臓発作（四十一年）や火事（四十二年）や奥さまの入院など、またもや試練はしつこかった。

　私事ながら私は江上先生に、十五年前、空手を心で追う課題をいただき、まだ門前である。ただし先生にお話しし、先生の空手の方法を勉強法に利用させていただき、「クドー式勉強法」として出版した。

　さて、今後の江上流、「超松濤館流」のことであるが、先生の空手は、自分の内部へ切りこむことによって、「まねぶ、ならう」のである。するとそれが相手との共有点であるがゆえに、相手も、「まねび」和ができている。相手は敵でなく味方になる空手である。であるから、内へ深まると同時に、外へも広がり、後世へも残り、共鳴共感をおこしながら、空手界の流れを変える力をもつ。

　江上先生も先生の高弟も幹部も、世俗的への照れが強すぎる。これではいいものも先細りになる。「他人の世俗」を大切にし、専門家が生活を立てることと外へ広げることとを、稽古程度に大切にしてもらいたい。

　もう一つ、純粋な一面があるため、誤解に基づく反応が速いし烈しい。その純粋とは、私心や我がままをすがすがさせたい純粋さで、道をつぶす、「超松濤館流」を俗化させる。

　仲よさは江上先生の願いであるから、私が常に思うのは、新体道の青木宏之さんの出版初期の思恵に感謝すべきである。今後、すべて怒ることなく、純粋さは自分に求め他人に求めない程度になるよう、江上流の貢献者の廣西理事長を先頭に進んでいただきたい。

歴史の節目

松濤館指導部長　高木丈太郎

　早くも江上館長の新盆が来ました。社用のため、午後の法要に出席出来ないので、朝出勤前にお宅に伺って、お線香をあげ、ご冥福をお祈りしました。

　歴史には節目と云うか何か転機が、周期的にくるものである。唐手術から空手道へ、船越義珍先生のご英断が、今日云われる空手道の始まりで、日本国中に空手道が拡まる基になっている。これが第一転機だと思う。

　次に船越義豪先生のことである。先生は、義珍先生のご三男で、義珍先生の師範代下田先生が、早く逝かれたその跡を引継がれ、義珍先生を助け、高弟と語らい、自ら基金を出され、松濤館道場を建設された。その道場の中心となり、一時代朝の稽古は義珍先生、夕方の稽古は義豪先生という形で、世に松濤館空手の実力を認めさせた時代を築かれたと云える。これが第二の転機であろう。ちなみに松濤館は、戦争中の帝都の、柔道の講道館、剣道の中山博道先生の有隣館に次ぐ、盛大な道場であった、と云われています。

　やがて戦争末期、松濤館は戦災で焼失、その後、義豪先生も病気のため終戦間もなく逝去され、当初、義珍先生は熊本に疎開中であり、この時代、松濤館、松濤會の維持続に全力をそそがれたのが、現理事長廣西先生である。戦後の焼跡から復興しようとする、各大学空手部の育成に単身力をそそがれ、また松濤會を発展的に日本空手研究会、その後、日本空手協会に改称、改組し、船越門下生の力を集め空手道の復興を期したが、不幸にもその夢やぶれ、東京に帰られていた船越義珍先生の逝去等あり、その葬儀を機に、再び松濤會の建て直しをされ、松濤會の今日を築かれた中興の祖といえよう。これが第三の転機だと思う。

　そして昭和二十七年上京され、廣西先生を尋ね、中大道場に来られた江上館長は、その後、廣西先生と共に松濤會の発展と松濤館の再建を念願され、空手道の技を今日のような形にまで持って来られた。江上館長の、この技の生成発展の段階こそ第四の転機であろう。

　私達中大で、OBの稽古を始めんと発議し、開始した頃、廣西理事長を尋ねてこられた江上館長にお会いし、その技に一目惚れし、廣西先生からも江上の鋭さを修めるように云われ、このOB稽古に無理に館長にお願いしたのがご縁で、私如きものが今日まで何とか空手の世界を歩ませてもらうことが出来たのです。

　文字通り一対一での稽古をして頂きました。拳の握りから教えて頂いたのです。追突き、逆突き、手刀受け、騎馬立ち、後屈立ち、二段蹴り、廻し蹴り、横蹴りの蹴込み、蹴上げ等教えて頂きました。

　この頃の江上館長は、亡き船越義豪先生に生き写しでした。その後、親和体道（現在、親英体道）の井上先生に師事され、同じくこの技についても教えて頂きました。この技は剣から出た技で、これを空手道に取り入れようと云うのが、当時の館長の発想であったようですが、その後そうでなく、空手は空手、体道は体道とし、夫々懸命に稽古すれば良いのだ、と云うふうに考えが変わられたように思います。

実際には、この体道が大変空手の技に影響を与え変化して来たのは、事実であります。
　形の上ということではなく、武道としての空手の根本理念、心の世界が確立して来た、と云えましょう。
　本年（昭和五十六年　1981）の年頭に、この偉大な江上館長を失ったわけですが、館長が生前よく云われたように、館長の技を踏台にして、更に奥へ奥へと限りない技の奥儀を追求して行く、これからが我々に与えられた、第五の転機でありましょう。
　江上館長の夢を実現に、我が松濤會は廣西理事長を中心に一致団結し明日へ進んで行くことでしょう。

自我を捨て去る

松濤館副指導部長　小川　薫

　江上先生がお亡くなりになって、今更のように先生の御存在が我々弟子達にとって如何に偉大であったか思い知らされます。先生の御他界は大変な衝撃でありましたが、不思議なことに、今になってみますと御存命中の時以上に先生の教えが鮮烈に我々の心身に刻みこまれていることを実感させられます。
　特に痛感いたしますことは、日常の生活で様々な障害に出合い思いあまるような時に、意気消沈していると先生がこの世におられないことがこの上もなく情けなく、ますますショボクレてくるのですが、気をとり直して心身の統一に心がけますと、全く正反対に先生を直ぐ身近に感じ、これを乗り切る気力が湧き上がってくることであります。
　またショボクレが激しく、心身の統一もおぼつかない時には、昭和五十五年十月十日松濤館の合宿に於いて、先生がお倒れになる直前の状況を思いおこしますと言葉で言いつくすことが出来ない高貴な御心境をひしひしと感じ、自分の心がけの卑劣さに気づかされます。
　当日第一回目の稽古が終って旅館に行かれ、我々数名の弟子と歓談しておられましたがそのお話しの中で、「私は自我を捨て去ることが如何に大変なことなのか、最近になってまたつくづく思い知らされたよ。夜中に呼吸が苦しくなって眠れない日が何日も続いて、側にいる女房も、辛いし、眠れないし、疲れ果てているのに"わしも、もうじき死ぬからお前も楽になれるよ"とつい口をすべらせてしまった。女房は何んと皮肉な悲しいことを言うんだと思ったようだ。自分が苦しいからということでこんなことを言ってしまって自己嫌悪に陥るよ」とのお言葉を、忘れることが出来ません。

　この時の合宿には前々から、御体調がすぐれないようなのでお休み下さいと、我々はお奨めしておりましたし、先生御自身も「そうさせてもらおうか」とも言っておられました。しかし、合宿の日がせまってきますと「大事な時間をさいて、高い旅費を払ってわざわざ遠く

から来てくれる人達に申しわけない」と言われ、医学的見地からは絶対安静を要するような御体調でありながら、長年の稽古で鍛え抜かれた精神力をもって肉体の苦しみを超えて御出席下さり、平常と変らなく稽古の上での具体的な御注意をされておりました。はた目にはまさかお倒れになるとは思いもよらなかったことであります。

お話ししているうちに左手がしびれ、次に呼吸が次第に困難になられましたが、その間終始お気持ちが乱れるどころか、先生が稽古の時に示される神聖で充実しきった精神力を余すところなく発揮しておられました。

現実に肉体的な苦痛と戦われながら、これを客観視するもう一人の先生があることを正に示していただいた思いがいたします。

江上先生が我々学習院大学空手道部の師範になって下さったのは昭和三十年の秋でありましたが、その頃の我々は、超一流の先生に教えていただけるということで喜び勇んで、ただ強くなりたいと願い稽古しているだけでありました。ところが学窓を去って社会に出てみるとその厳しさと汚さばかりが目につき、無意識のうちに先生のお人柄の温かさや崇高さが限りなく懐かしく、その時には先生にお会いすることが目的で稽古をするようになっていたのであります。

先生に教えていただけるようになって七、八年経ってからのことでありますが、夏の合宿で夜遅く迄いろいろと話されている時でしたが「私が最も嬉しいのは私が教えている空手道が少しでもその人の生きる力になり、その人がその人なりの人生を真剣に生き抜くことに役立ったことがわかる時なんだ。こういうことで世の中の役に立つ間は生かしていただけるように思う。役にたたなくなった時は死ぬ時だと思っている」としみじみとした口調で淡々と語られました。

この時、私はわけはわからずただ胸が熱くなり涙が溢れるのみでありました。

人間は心の真底では皆同根でありながら俺が俺がという自意識に邪魔されて、抗争対立の世界を作りがちであり、また自己中心的な思いに禍いされてさまざまな苦しみを自分から造り出すと言われております。

この自我を克服して調和された心を持った人にお会いして、その人の真意に接する時には心が洗われ感動して涙が溢れるのではないかと思います。

江上先生に御指導いただいた二十五年間を振り返り、改めて先生の教えの真髄はと問われれば今の私としては「自我を捨て去ることが稽古の目的であり、出発点でもあること、自我を克服して真の自己を発見するならば自分の周囲を活かすことに喜びを感ずるようになること、この点で人間は誰でも同じであるが、自我を捨て去る程度によってその差は様々である」と思っております。

変転極まりないこの世の中を、不安におののくことなく、またその不安をごまかすのではなく、これを乗り超えて真に明るく力強く人々が調和して人生を全うしてもらいたい、そのための心身の支えとなるような空手道を築き上げたいものだと江上先生は念願されておられました。

長年、先生に心を支えていただいていた我々が、その御恩に報ゆる道は非力ではあってもたゆまず心の浄化と身体の練磨に心がけ、一人一人が力強く個々の人生をまともに生きぬくことではないかと思います。

　その拠りどころとして松濤會の組織を充実せしめ本部としての松濤館を維持発展させなければなりません。

　江上先生が松濤館再建に注がれた情熱の由来するところを、明確に再認識して力を合わせて、松濤館を守ってゆくことが我々の責務であり、真の意味で先生の御冥福をお祈りすることとなると思っております。

やっと来たな!!

松濤會理事　池田保男

　余りにもいろいろあり過ぎて何を書いてよいやらまるでまとまらない。そこで江上先生のご指導を受けた最後の合宿、中大空手部の昭和五十五年度夏季強化合宿（於、長野樽ケ沢山荘）での体験の一部を記してみたい。

　合宿では何時も先生の傍で寝起きさせて頂いている。五年前、先生に「池田、そこで寝てくれ」と云われた時、恐れ多いやら、有難いやらの気持と共に、指圧もろくに出来ないし、どうしたらいいんだろうと不安にかられたことを思い出す。今思うに、指圧など上手であればそれに越したことは無いが「おもいが先、おもいがあっての稽古」が解ってなかったようだ。「師の身の廻りの世話が出来るということは、大変名誉なことだ。庭の草むしりから始まって大変長い年月を要するものだ。ピタッとついて離れるな」とよく云われたことばを思い出す。

　皆が先生の部屋を退去するのが、夜十二時か、遅い時には一時頃になることもある。合宿第一日目は、先生が床に就かれたのが十二時頃、それから足の裏を揉ませて頂く。痩せておられるが、大変軟らかい感触が残っている。揉み始めて一時間位経った頃、先生はもう眠られたようだし、そろそろやめようか、でも待てよ若しかしたら、ここでやめたら目が覚めてしまうのではないかと、逡巡しながら十分程続けた後、思い悩みつつ指圧をやめ床についた。翌朝先生が云われるには、それまで眠っていたんだが最後に（即ち最後の方でやめようかどうしようかと逡巡し出した時）目が覚めてしまった。思い患ったり、躊躇するとそれを敏感に感じるものだ。思い切りよく、自信をもってすっとやめればよい。眠っている時、そっと歩くのもいけない。普通に歩けばよい。余計な気遣いはしないこと等のご指摘を受けた。

　先生が亡くなられてから中大空手部の合宿は、春、夏と二回行われた。今まで以上に部員と接する機会が多いが、身に沁みてこれらのことを実感させられると共に、こんな者をお傍においておかれた先生はどんなに切なかったであろうと考えると身が縮む。二日目は、何

時指圧をやめたのか全然解らなかった。途中で目が覚めて、前に突っ伏して苦しむことも無かったとのこと。

　二日目の朝、五時頃だと思うが、突然息が出来なくなり、ウッと捻って目が覚めると同時に半身を起し、先生の方を見ると先生も身を起され苦しまれていた。正しくは、先生が起きられると一緒に私も起きたのだ。それまでの私だと、どうしてよいか解らず只やきもきばかりしていたのであるが、躊躇なく先生の傍に坐っていた。するとどうしたことか、口が一杯に開かれ、息がまるで出来ない。しかも先生が苦しまれる時、両肩が尖がる様に上に上がり、首を縮めて伏せるようにされる、そのままの姿を自分がしていた。心臓の辛さは、筆舌に尽き難く、表現の仕方が解らない。次には歯が全部無くなってしまい、口の中が心もとなく、非常に煙草くさい。不覚にも、その時初めて先生が入れ歯だったのを実感した。息が出来なくなり、心臓の辛さを知り、歯が無くなってからは、テーブルの下に潜ったり、うつ伏せに、あるいは仰向けになり転げまわったり、身が捩れたりと次から次へと身体が勝手に動く。自分の身体ではないし、そこには自分の意識も全く働かない。約一時間程で普通の状態に戻るのであるが、合宿の期間中、朝方五時から五時半頃までそういうことが続いた。時には何とも切なく、時には死ぬ程恐しい、今まで感じたことのない思いをした。その間会話は一切無い。普通の状態に戻ると、先生は心なしか元気になられ「すまんな」と声を掛けられ、私は「柔軟運動のつもりですから」と……。すると先生は「やっと来たな」としみじみ云って下さり「午後の稽古は見ないで昼寝させてもらうよ」と云われた。朝食後早速ポリデントを買って来てその晩皆が退去した後、歯を洗わせて頂いた。「これを取ると変な顔になるからいやなんだが」と少し恥しそうにしておられた姿が思い浮ぶ。

　三日目からは、先生が起きられると同時に起きるのは同様だが、先生のすぐ傍までは行かず、自分の床の上に起き上がるだけで、前述のような状態になった。「こんなところを他人が見たら、頭がおかしいと思うだろうな」と笑われた先生の姿が印象的だ。

　何かが出来なかったから、あるいは出来ないから、俺のところに来ることが出来ない。又、来られなかった。斎戒沐浴してからでなければ来ることが出来ないのなら、何時になっても会えない。偉くなってから、悩みが無くなってから来たって仕様がない。悩む時は一緒に悩み、喜ぶ時は一緒に手を取り合って喜び合う、これが師弟のつながりではないか。俺のところには垣根も無いし、高い敷居も無い。何時も開け放たれているのに、どうして来ない。気楽にぶらりと来ればよいのだと常に云われていた。合宿で感じたことを記したノートを見ると、先生の傍に居させて貰って五年になるが、最初の合宿の時から、先生が起きられると同時に起きていたのだが、只おろおろするだけだった。「何かを得ようと思ったら、ピタッと密着しろ。中途半端では駄目、相手の身になってしまえ」「指圧をさせて貰えるということは大変な信頼を得ていることだ。指圧は活殺自在である」。

　特に五十五年の中大空手部春季強化合宿（於、館山）での最後の夜、就寝される直前に「大きくなれよ、大きくなるんだ、大きくなってくれ」としみじみと云って下さった。これらの言葉は尽きない。こんないい加減な私を温かく、根気よく、それこそ大きな心で導いて下さった先生に、感謝のことばもない。心からご冥福を祈りペンを置きます。

　　　　　　　　　　　　　　　　　　　　　　　　　　　　　　　合掌

みそぎと鎮魂

松濤會本部審査員　岩城得二

　江上先生は文字どおり命がけで、生きることを理論ではなく、自からの身体で我々に示してくれました。

　昨年、夏合宿最後の日、審査会の時でした。もうこの頃先生の身体は、だれかの手を借りなければ歩くことが出来ず、小用に行かれた後も、酸素吸入器を使用しなければならない状態でした。

　先生は、道場にお着きになると、皆が正座している前に、ささっとお出になり、正座、礼をされ、そして正面の審査席に腰を掛けられました。その時「ちょっと二、三分待ってくれ」と言われ、ニトログリセリンを舌に入れ、腕を組んで机の上に顔を伏せておられ、暫らくして「さあ始めようか」と言われました。

　このように先生は、本当に命をかけて審査をされたのでした。本当の命がけの姿を我々に見せてくれたのです。自我を捨てなければ、出来ないことだと、つくづく思いました。

　四年程前、先生は「空手をやる人間にロクなやつはいない。だからなんとかマトモな人間になるため、みんなで一緒になって、空手をやっていくんだ。わしを含めみんな仲間なんだ」と言われました。

　その頃私は、ちょうど、はり、きゅう、指圧の仕事を始めるところでしたので「先生、これから、はり、きゅう一本でやって行きたいと思います。べつに空手をやらない人でも、世の中には立派な人間はいくらでもいますので、もう空手をやめてよいでしょうか」と言ったところ、先生は「だめだ。お前は空手をやっていたから、空手を通して、こうなったのだから、やめてはだめだ」と言われました。そこで私は「一生空手を続けなければならないのですか」「そうだ、一生続けなければならない」と先生は言われました。

　大体この頃から私は実生活と空手の道とが結びつくように、なんとか一人前の人間になりたいと思いながら、空手の道を稽古しているわけです。仕事やその他の事で、うまくいかないのは、まだまだまともな人間になっていないからだと、近頃は特にそう思います。だから空手の道も一生続くのではないでしょうか。

　合宿で先生にお付きした初めの頃は、先生のお身体のことが気になり、夜中先生がおやすみになっている時、"先生息をされているかな、用足しにいかれるのかな"と緊張して私は夜中良く眠れませんでした。このことを先生にお話ししますと「ただおれと一緒になっていれば本当にあぶない時は自然と目がさめるから、気にせんと寝とれ」と言われた。そこで私は「一緒になるってことはどういうことですか」と聞くと「ただ一緒になる気持になればいいんだ」と先生は言われました。私は良く解らないけれど、自分なりに思って、一緒になればいいんだなという気持でいたら、夜中良く眠れるようになりました。

　それから先生は、「お前は、こういう所が悪いからこういうようにしろ」とは、まずは言われませんでした。先生にお会いして、話をうかがっていると、自然と自分の悪いところが

分かり、これからこうしようと、思うようになって来るのです。これは不思議なものでした。先生の前に坐ると自然にウソが言えない、つけない、ごまかすことが出来なくなるのです。先生から、かもしだされるあのいうにいえない雰囲気の中につつまれると、まったく自分をさらけださずにはいられなくなるのです。温かくつつみ、そして厳しい雰囲気の中に私を置いてくれるのです。そうすると、自分の腹の中にある、グジュグジュしたものが出て、ほんとに、サッパリするのです。さわやかになり、壮快になるのです。そうなると今まで自分が間違っていた事が腹の外に出て、そのかわりに、正しい事が入ってくるのです。まったく摩訶不思議でした。

　だから先生は体の悪い人、悩みのある人に感応されても、私には平然とされているようにしか見えませんでした。感応されて苦しまれているのを一度も見たことがございません。

　先生は「体の悪い人、心が悩んでいる人に対して、おれが治してやろう、おれがなんとかしてやろうなどということは出来るものではない。おれが治してやろう、おれがなんとかしてやろうなどということは、自分のうぬぼれである。ただ、なんとか良くなってもらいたいという、思い、良くなってもらいたいと念じることしかできない」と言われました。

　先生は本当に、自我を捨て、命がけで相手にしてくれたのです。

　先生が倒れられる前にお会いした時、稽古は「みそぎ」であり「はらい」であり「鎮魂」であると言われました。

　私はこのことを忘れず、稽古していきます。

心と心のつながり

山形支部　林　良豪

「先生の歩く時は、静かで早いし、格好がいいのね」と、妻が私に言ったことがありました。私は、彼女が言う前から、その事に気付いてはおりましたが、今から思いますと、先生は亡くなられるまで、すばらしい稽古をされたのではないでしょうか。勿論あのようにお身体が弱っておられたので、すべての動作がそのようではなかったでしょうが、要所、要所の動きの早さ、姿、間合い、呼吸等が色々な形となって目に浮んできます。時には、その動きのすばらしさに、先生は本当に病弱なのかなあと、錯覚を起こすことさえありました。亡くなられるその瞬間まで、病気のお身体に自ら鞭を打たれて、空手道一筋に生きられたのではないでしょうか。

　今から思い出しますと、十一年前縁がありまして、私達の結婚披露宴に出席されるため、奥様とお二人で鶴岡にいらっしゃって以来、毎年二度、その都度一週間近く泊られ、稽古の指導をはじめとしまして、色々な人生の道について教えて下さいました。その際知らず識らずのうちに、稽古に関してのおみやげを置いていって下さいました。時には、直ぐに気付く

事もありましたし、ある時は、全然理解出来ず、数ヶ月、数年を経て分りかけてきたようなこともありました。

「道場稽古は、あくまで道場稽古だが、道場から出た後の日常生活の中にも、同じように大事な稽古が沢山あるんだよ。道場稽古だけではなかなか分らない事も、社会生活の中での稽古によって、補うことも出来るようだ。私達が、この人間社会に生きている限り、道場稽古だけでは、どうも小さな殻の中に入り込んでしまうようだ。道場での稽古と日常生活での稽古は切り離すことは出来ないし、そのような心がけさえあれば何時か自然に関連性が分ってきて、面白いと思うようになるんだがね。色々な意味で、真に強い人は、何処から見てもやわらかくて、優しい感じがするし、何時の間にか入り込んでしまうんだが、一見して、強そうに見えても、何処となくかたくて、動きのぎこちない人は、いざという時は、なかなか思うように動けず、簡単に切られてしまうものなんだよ。

　大学を卒業して社会生活に入ってからも、何らかのかたちで、稽古を続ける人は稀で、一期で一人か二人位。大部分の人達が、仕事に追われて、稽古をする時間が無いとは言っているが、本当は忙しいからこそ、色々な稽古をしなければならないんだよ。稽古とは、道場での稽古を、社会の日常生活でも生かし、空手道の技から発展していって、人間の心と心のつながりを知り、憎しみ、恨み、喜び、悲しみ、愛情等の、種々の心の動きを、身体の表現を通して、稽古することじゃないかなあ。ほとんどの人が、大学で稽古は終ったと思っているようだが、卒業して、社会生活に入ってからが、本当の意味での、真剣な応用稽古が出来るんだけどなあ。四年間の苦しい修業を、社会でも活用するように心がけなければ、大変残念であり、四年間の努力が勿体ないと思うよ」

　先生は、数え切れない沢山のことを教えて下さいました。亡くなられる二、三年前からは、とうとう長椅子に横におなりになる事が多くなり、鶴岡に来られる度に、少しずつ体力の衰弱が目立つようになりました。時々咳き込んで、呼吸困難になったり、お食事も、箸をつけないで終ることもありましたし、夜は、便所に行かず、尿瓶で用を足す程に、お身体が衰弱してしまいました。そのような状態でいながらも、先生は何時も私達には、お身体を動かして、色々な指導をして下さいました。今でも不思議に思うのは、稽古の指導中に、よろけそうになりながらも、大事なところでは、スーとお立ちになられることでした。そんな時は、何時も、こちらの身体が、言葉では言い表わせない状態になって、分らなくなることが幾度もありました。
「病人の私に、本気になって突く人がいたら、その人は死ぬよ」
とも言われました。私達に命を懸けて教えて下さったのだと思います。今となっては亡き先生の恩返しのためにも私達自身のためにも、少しずつでも前進するような気持で、松濤會がより一層発展するように、皆の力で団結して、頑張らなければならないと思っております。

　また末筆になりますが、自ら御病気でありながら、命がけで最後まで付き添われた奥様の御健康を、お祈り申し上げると共に、私達皆で、励まし、元気を出してもらい、長生きして頂きたいものです。それも、亡き先生への恩返しになるのではないでしょうか。

限り無い愛

松濤館指導員　遠藤　真

　故、江上茂先生と、初めてお会いしてから、早や、十余年の歳月が流れ去りました。
　私が田舎で小学校に上る頃、丁度、我が母校、中央大学空手部の稽古に御参加されたと聞きました。それから三十年の長きに渡り、沢山の諸先輩と共に弛まぬ研究と研績を重ねられていた。その中に、なんの関係も無かった私が、その稽古の仲間に入れて頂いたことを考えますと、人の縁とは、誠に不思議としか云いようがございません。
　江上先生は、一人一人の方々に、一所懸命応えておられました。本当に心より、その人の為に御自分の身を粉にして、限り無い愛で接して頂きました。これはもう、空手の世界だったでしょうか。先生のお宅に、お邪魔して、先生は、空手の師範なのですから、技等のお教えを受けるべきと思いましたが、しかし、先生から空手のお話が出ると、むしろ奇異に感じられる事さえありました。先生の、煙草を吸う仕種、髪をかき上げる仕種、人の話を身をのり出してお聞きになった、あのお姿。立って歩かれる、あの足の動き。私の中にある悪い考えに困った顔をされる、あの目の動き。お疲れになっていることを感じさせないよう、配慮された、あのお顔。感ずる限りを稽古させて頂いたつもりです。
　持てる、お力の総てを、人におあげになり、尚かつ、あくなく空手の道を探し続け、今日、空手を習いに来た人を仲間と考えられ、共に手をとり、同行者となり、道を照らして頂きました。空手の動きを通じ、人としての動きを探り、その発展の為に御自分の身を顧みず、最後の最後まで、他の人をはげまして稽古をつけておられました。
　いったい、人間とは、どのように、どこまで生きなければならないのだろうか。
　大事に、大切に、限界を設けず、勇気を出して、隣人を愛し、燃えつきて、初めて始まる。その先には何があるのだろうか。
　空手を通じ、その本質を探し続ける以外に、私には方法は考えつきません。
　「突き」とは、「蹴り」とは、「下段払い」とは、「手刀受け」とは、一体なんなのか、多分、一生探し続けるしかないと思います。この事は私だけではなく、仲間の皆が、いや、総ての人々が探し続けている事なのだから……。
　江上先生、私は今、先生の事を想い、こんな事を書いています。全然、的はずれの考え方でしょうか。今は、自分で実践するしかありません。先生が故人になられたのに、まだ甘えてこんな事を言っています。もっと大事にさせて頂き、お側に置いて頂きたかったと思います。なんにも出来ず、唯々、お世話になり、迷惑の掛けどうしであったことを、どうしようもなく、ペンを置きます。
　昭和五十六年七月二十五日　千葉県岩井海岸　松濤館夏季合宿所にて。

あっ、しまった

　　　　　　　　　　　　　　　　　　　　松濤會事務局長　照井德行

　考えてみると、先生に接する機会が一番多かったと、今気がついたのです。事務の報告、行事の打合せ、免状の署名依頼と、自宅へ、また夏は長野県奈良原の山荘へと、うかがっていました。

　うかがい始めたのは三年位前からですが、いつも体調がすぐれなかったせいもありますが、大体長椅子に横になるか、椅子に背をもたれているのでした。たびたび喘息により、咳き込みがはげしかった。しかし免状の署名となると、全然違うのです。

　いつも姿勢はきれいに、流れるように、途切れることのないようにと、言われていますが、実際にそうなるようです。太めの筆に、たっぷりと墨を含ませて書き始めると、咳き込んでいる姿とは違っているのです。

　ある時、百枚弱の署名をされたときも、途中で休もうとは言われないし、呼吸も乱れていない、その集中力、気力はすさまじいばかりです。

　しかし私は、本当の先生の姿をみていなかったし、署名している動作、呼吸、形に気をつけていなかったのです。なぜかと言えば、今まったく思い出せないのです。免状をめくるのに忙しいばかりではなく、気がつかなかったのです。

　日頃、後輩、会員には生意気にも空手は道場ばかりでなく、日々の活動においても稽古ができるのだと、言っていたのです。

　先生が、署名という動作、呼吸を、私に見せておられたのに、関心なく見落していた。廣西先生からは学ぶことはマネルことだと、おそわっていたのに、見ていないのでマネルことができない。誠に悔いがのこります。

　ああ、しもうた、ドジ。見ること、マネルことが出来ない。

谷神不死

　　　　　　　　　　　　　　　　　　　　　　中央大学OB　杉本文人

　中国では古く老子の思想に「谷神不死」というのがある。人の生くべき道を説いた玄旨である。それは又、人の健康法、長命の理に相通ず。神を畏愛することにより、人間万事、安心立命である旨を諭している。

　谷は自ら厳しい存在だがそれはあらゆる生命の源泉であり、且つ永劫不滅の存在なりという思想である。万物自然に対し、絶ゆまざる無限の恵沢をもたらすその生命力の尊厳性と偉

大さの故に、そこに神の存在をも意識せざるを得ぬ発想があったのであろう。

　平坦な地形からは僅少な何かが生れるに過ぎない。所謂、安定した平凡な大地は、月並の凡俗な効果をもたらすのみにて、異例に大いなる効能を期待することを得ない。通例からは矢張り通常の事象がそこに現出することあるのみである。
　雨が降る。水が流れる。溝が出来る。低地に於て水が集り、水が溜る。やがて水が乾き窪地が出来る。かくして自然の事象は絶ゆみなく変化を呼ぶ。
　山と山の間は大いなる谷だ。しかしその山間も初期に於ては、山中の、或は平原を流れる単なる一筋の小さな沢であったのかも知れない。それがやがて偉大な時の経過と自然の摂理によって、二つの斜面により織り成す幾多大小の谷を作出する。
　大地に滲透する雨水は、水の本性の赴くままに、地形上の斜面より泉という形態を以て外部に露出するに更に容易である。それはここでこそ急な、より険しい沢を形成し、谷の創造を促す。時のもたらす自然の輪廻は、まこと絶ゆみなく無限である。
　かくして谷に水の存在は必要であり、さすればそこに草木はみどり色濃く、陽光は適度に屈折し、そして温暖な気候を招来し、風は時に強く、時に優しく、あまつさえ名も知れぬ無数の小鳥は憩い囀り、この世の楽園を展開せしむ。このように谷は本来、自らは険厳な存在だが、この世に無限の恵沢をもたらし、それ自身山に本質的なものと言い得るのではないかとさえ思えてならない。
　人が山に行く。大小の山腹が在り、そこに一際険しい谷を見る。恐ろしい迄に厳しい谷であればこそ、人はその光景の見事さに心を打たれ、暫時魅了せしめられる。それはその光景の素晴らしさの故ではなく、自然の現象の作出する無限の事象と恵沢を、深層心理的につぶさに受け止め、意識の底に置くからこその情景として観取するからであろう。ここに於て人は谷神の存在を感取せざるを得ない。

　今は亡き江上先生は、私にとって永い間、正にこの谷神であった。
　あまねく卓越せる御識見と、宗教家にも似た玄悟からくる威厳、加えて類稀な屈指の武道家として、又それにも拘らず御自身には常に厳しく、或る時は厳格に、又或る時は父親のように優しく、武の道の、そして人間の生くべき道のあり方を御指導、御教導して下され、まこと私には、この世に掛け替えの無い尊厳なお人でした。それ故にこそ御存命中、先生を私は、老子の謂う、谷神にも似たお人、否、私自身にとっては谷神そのものと意識したのでありました。そして先生を谷神と自覚して以来、平穏無事な凡様なこの世にあって自分自身はむろん、空手道の稽古人はすべからく谷神を志向すべきとさえ自覚したのでした。武道の奥儀への可及的な究道精神と努力を以て、稽古を通じ、稽古によって、又稽古を礎として自らを研鑽し、自身の生活に厳しく、自身に自問し、自身に困苦してこそ、他人ないし周囲の者に対し真の優しさと大いなる包容力を以て接し得るのだと確信するに至りました。そしてそれでこそ、一個人として人間社会万般に亘る真の理解力と、洞察力、そして実践力を体得し得ると自覚するのであります。社会に、よりよき有用な人材たらんと欲するに、私はこの究道の精神、谷神への権化たらんとするの試練を自身に課し且つ努めたく思う。

「谷神不死」。江上先生の身は亡くとも私にとって谷神であった先生の究道の精神は、正に不死不滅であると自覚して居ります。

　二十年余前の私に於ける東急道場時代、先生は私に「言霊」ないし「言霊の思想」に就いて研究して欲しいと申し向けられました。福田兄と共にさながら狂人の如く寝ても覚めても稽古に専念していた頃でありましたし、小生が神職の身であった故もありましょう。先生は当時、或は無手勝流に就いて考えておられたのでは、とも考えますが、むろんその御意図の程は知るよしもありません。以来私なりに文献を探し求めては読み、且つ自らの発想を織り交えつつ研究して来た積りではありますが、所詮未熟無能な私であり、又自らの怠惰も手伝って、今以て私なりの体系化さえなし得ず、その結果を先生に報告するを得ませんでした。

　それは先生の至上命令ともなれば、理論的研究成果のみならず、己自身、ある程度体現可能になっての上でなければ、御報告するに価しないものと、勝手に考えていた故もあります。

　この度、江上茂先生追想録としての文集原稿の要請に応ずるに当り、或はこの「言霊の思想」に就いて、低俗ながらも私なりの現段階における研究成果をお寄せし、遅れ馳せ乍らそのお約束を果すに適わしかるべきかとも思いますが、恥かし乍ら今以て左様な域に到達致していないのが実状です。その性質の至難さの故に、恐らく私の生涯をかけた課題となりましょう。謹みて先生の御霊に、伏してお詫び申し上げる次第でございます。

　最後に先生が病に倒られた頃、又御逝去直後、私の心情を記録したものの中より、以下に拙い短歌数首を抜萃し、記述させて頂き、筆を置きます。

師の身には　無事あれかしと　ひたすらに
ただひたすらに　祈りて止まず
しかとせる故さえ知らに　とめどなく
溢るる涙悲報受く日の――
〔以上二首、江上先生倒るるの報に接し、榊原記念病院に急行するとき〕

脆き　他に術知らに　祈るのみ
今日の大事に　わが身もどかし
〔江上先生、東京女子医大附属病院脳神経センターICU入院中〕

わが胸に　しかと刻まむ　数多なる
尊き訓え　道の心を――
誓いてし　継ぎ参らせむ　日に夜に
授け給える　究道の技事

師の掌の上で

東京都庁空手道部　柴田澄夫

　故江上先生からお教えを受けた中で、私にとって特に印象の深いことを記して追悼の文としたいと思います。

　一昨年の八月一日付にて行われた役所内の人事異動で、私はそれまでの業務担当から総務、庶務担当の係に配置換えとなり、仕事の上で上司及び都庁内の他部局並びに国の関係の人と接することが多くなりました。以前から「空手の稽古は、社会生活においてそれが生かされなければならない」「社会生活そのものが稽古である」と自認していた私ではありましたが、新しい係での仕事がなかなかスッキリいきません。特に上司に対して必要以上に緊張している自分自身を感じ「これはいかん、何とかしなければ」と一時期非常に悩んでいました。そうした九月のある日、夢の中で先生からご教授をいただいたのでした。

　その頃先生はまだ長野の山荘におられる時期でしたが、夢の中では、まさに山荘から東京にお帰りになられるところでした。幸いにも私が先生の一方の手を引いて（支えて）山道を歩いていたのですが、その時先生は、私の緊張していることを指摘され一言注意（アドバイス）をされました。そして先生の言われた通りにしますと、スーと気持が納まり楽に先生と歩いていくことができました。その後の場面は記憶にないのですが、翌朝目覚めた時に、ハッとして、大変有難くうれしく思いました。その後は、もちろん完全とはいえませんが、むしろ稽古を通して考えながらではありますが、大変楽になり仕事においても落ち着いて行動できるようになりました。

　このことを初めは私一人のものとして温めておこうと思いましたが、考え直しあと数日で下山される予定の山荘へお礼の手紙を差し上げたところ、後日お会いした時に先生は「面白いものじゃの」と喜んで下さいました。

　毎年、山荘へお伺いしようと思っていながら失礼していた私ですが、昨年の九月十三日と十四日初めて山荘にお伺いし、実業団連盟の仲間と一緒に稽古をみていただき、先生の動かれる姿を初めてみせていただきました。その帰路、大変な感慨を覚えながらまた来年も必ずお伺いするぞと心に決めたのですが、先生のご不幸により私にとっては最初で最後の山荘合宿となった次第です。

　今年の正月三日夜、やはり先生の夢を見ました。ヒョッコリ都庁に私共の仕事振りを見に来られ、次の場面では病室のベッドの上に半身を起こされ「わしはこれ以上よくはなりそうもないが、こうして坐っていても皆の様子がわかるんだよ」というふうに言われました。とにかく先生がお元気になって下さればと念じていた折だけに大いに期待したのですが、まさか逆夢になろうとは思いもよらないことでした。

　私にとって、現在でも先生の掌の上で、時に教授され、時に一喝を食わされ、絶えず見守られて稽古をさせていただいているように思われます。このご恩に報いるには、やはり、今

まで何かにつけてお教えいただいたことを身をもって稽古し、精一杯これからの人生を生きていかなければならないと、今ここに改めて決意した次第です。

若輩の私が、この度の江上先生追悼録を寄稿させていただきましたことを、大変うれしく光栄に思っております。ありがとうございました。

みんなの前に、もう一度立ちたい

中央大学 OB　小園雅孝

題目にあるこの言葉は昭和五十三年三月、私が主将として経験する初めての合宿が千葉県館山で行なわれた時に、ぽつりといわれた言葉です。その時の情景が今でも強く脳裏に残っておりますので、取り留めもなくここに記すことをお許し頂き、追悼の文と致したく思います。

それは丁度、合宿の中日過ぎの頃、非常に天気がよく本当に春が来たなといった感じの暖かく和やかな日の午後の事でした。先生の体調は気候のせいも手伝って、いつにも増して良好、ご機嫌もよろしく「散歩にでも出るとするか」と申され、OBの方を含めた数人とご一緒に宿の近くの海岸まで出かけられました。

浜辺にしばらく佇み海をながめながら、一服したのち自然にというか、当然というか、突き、蹴りの話になり実際に手とり足とりご指導頂き、さらに師範自ら突きをもみせて頂いたのです。十分か二十分程の出来事だったように記憶しておりますが実際はもっと長い時間であったかもしれません。というのも私としては師範と一緒に、本当に間近に、その場所で動いた、話した、手を触れた、触れてもらったことに感動し、子供の如くわくわくとした気持ちになっていたのです。ですから、私はそのことが稽古という認識ではなく、ある種の嬉しい出来事として捉えていたようです。逆に考えれば、師範がそのように稽古を楽しくというか、身構えしない形でなさって下さったのではないかと思ったりもします。

しかしながら、今になってもふと何かにつけ蘇ってくるこの情景の一つ一つを考えてみれば、私のそれからの稽古のあり方に基本として残り、生きているようです。例えば、その一つに「突きは相手に当ってからが突きである。速いとか遅いとかに因われずに、効くか効かないかを念頭におき、さらに自分の気持ちの状態、相手の気持ちの状態、動きに重きをおき、

研究、稽古を積まねばならない」あるいはまた一つに「入身はこうするんだ」(横写真)等々、色々ありました(社会人となった今、恥ずかしながら、稽古を怠っており、師範にこうして教わったことが分からずに過ぎているのが現状です)。

ともかく、そうこうして一段落した後、ふと言われたのです。

「みんなの前にもう一度立ちたい」——と。

寂しげでもありましたが、強い願望、意志ではなかったかと思われます。しかし願い叶うことなく先生は旅立ってしまいました。先生のこの気持ちは我々が汲んでも余りあるものでしょうが、先生は我々に、あるいは我々と、何をなさりたかったのか、どういうことを期待されていたのか、と自分勝手に思い廻らす此の頃です。

先生は私達一人一人の心の中に、様々な形で生きておられるはずです。私自身の中にも、短いお付き合いではありましたが、前述したこと以外にまだまだあります。これらは別の機会に、道場でも、酒を汲み交しながらでも、折にふれ語り合うことに致しましょう。古くから長い間江上先生と歩んでこられた諸先輩方と、陸続として続く新しい仲間達と共に。

これが「みんなの前に立つ」ことになるような気がします。

合掌

慙愧の記

中央大学OB　高橋秀年

昭和四十五年八月の事です。中大の合宿が終わった後、一年後輩の林聖三君のお爺さんが剣山の仙人で、お会い出来るという事で宮本さんと自分とで先生のお供をし会いに行く事になりました。大雨のため二日間宿で待機の後だったのですが当日もあいにくの大雨となってしまい、山の麓まで林君のお父さんに車で送ってもらったのですが山の小道になるともう道が川になっており、水があふれんばかりに流れていました。これではのぼれないと思っていると先生は流れの間から所々出ている石をピョンピョンと跳びはじめました。宮本さんと自分は、先生の両側で水の中をパシャパシャとただ追いかけるといった感じで先生の後についていくのが精一杯でした。目的の山小屋についた先生は一息しただけ、自分はハアハアでした。

なんで普段横になっている先生があの川の中を石から石へと跳べて、自分がフーフーしながらのぼらなければならなかったか不思議でしかたありませんでした。

仙人の小屋の中に入り、テープを聞かせていただいたり、先生と何やらお話をしたりしておられましたが自分には言葉すらわからず何を話しているのかチンプンカンプンでした。下山した後、鳴門のうず潮と徳島の阿波踊りを見物して岡山の平さんのお宅まで行き、そこで先生とお別れしたのですが、帰って来てからというもの、今迄話には聞いておりましたが、

実際に見、触れさせて頂いたのは初めてだったものですから、何とすごい先生だろうと思い、会う人ごとに、「不思議な先生だ」と話していたのが、ついこの間の事のように思い出されます。

翌年、幸運にも遊天荘にお供出来る事になりました。その後も何度かおじゃましたのですが、その最初の時の想い出が印象的でしたので思い出すまま書きます。

まずはじめに困ったのは食事の事でした。玉子以外は全て野に生えているもので一汁三菜を作るようにとの事でしたので今迄食べる専門だった自分にどうして作ったら良いのか、また東京育ちの者にとり野生の草で食べられる草と食べられないものとの見分けもつかず、どうしたものかと東邦大学の高橋是善さんに聞いたところ、自分で食べてみて腹をこわさなかったら先生に食べていただいたら良いよ、との事でしたので、なる程それしか無いと思いました。それからというもの草をとって来てはおひたし、天ぷら、油いため、玉子といえば玉子焼、目玉焼、いり玉のいずれかというありさまでした。そうこうしているうちに奥様が東京から干し魚等を買ってこられ、作り方と先生の好み等を教えていただいたのですが、奥様の居られない間さぞせつない思いをされた事と思います。

飲みものも緑茶、コーヒー、朝鮮人参茶の三つを飲み分けておられましたので、先生が飲みたくなった時、その飲み物をお出ししようとは思っていたのですが、だいぶ先生には違ったものを飲んでいただいたと思います。

当時二十三を過ぎ一人前と思っていた自分にとって、先生のお話を聞くたびに知らぬ事の多さに改めて自分の未熟さを思い知らされました。

遊天荘では特に一からといっても良い程で、玄米のよりわけ方から畳の掃き方、お膳のふき方、障子のさんのふき方等まで教わりました。

ある時など午後いつものように先生が書斎に入られたので外に体を動かしに行った所、どうにもだるくて仕方なく、小一時間で帰って来ると、先生が「今日はどうだった」と聞かれましたので「だるくて仕方ありませんでした」と答えると、便所と台所がよごれていたのでワシが掃除をしておいたと言われました。ああまた横着をしてしまい申しわけありませんでした。

朝起きるとまず風呂の栓をひねる（当時は小屋の上の湧水からホースを引き、ポリバケツ二つを経て小屋に引き入れていたものですから、いっぺんに出すとすぐかれてしまうため夕方までかけてゆっくりと水をためていました）事からはじまり、夜中の十二時過ぎまでずっとおそばで稽古をつけて頂き、先生と一つ屋根の下で過ごす事の出来た日々がなつかしく、もったいなく思い起こされます。それにつけても何度おそばに居させてもらっても、一週間目ごろから一つはぶき、二つはぶきでさぞや先生はせつない思いをされていた事と思い、本当に申しわけなく思っております。

許される事ならいま一度遊天荘で過ごす事が出来たらと思う今日です。でも出来ようはずもなく、これから教えていただいた事を思い起こし、道を誤る事なく生きて行こうと思っております。

最後になりましたが、奥様のご健康を心よりお祈り申し上げております。

いつまでも元気でいらして下さい。

資料編参考資料一覧
『江上茂追想録』（発行　昭和56年（1981）、発行者　江上茂追想録編纂委員会、発行所　日本空手道松濤會）
『松濤館再建十周年記念論文集』（発行者　高橋秀年、発行所　日本空手道松濤會）
『江上茂先生資料』（発行　平成22年（2010）、発行責任者　高木丈太郎、発行所　日本空手道松濤會）

日本空手道松濤會 本部道場 松濤館

〒130-0024 東京都墨田区菊川2丁目1番7号
TEL & FAX 03-3635-8166

日本空手道 松濤會ホームページ：http://www.shotokai.jp/index.html
本部道場 松濤館ホームページ：http://shoto-kan.info/

日本空手道松濤會 支部、同好会 一覧

2017年3月現在

北海道地区（札幌市）

札幌支部	関根一彦 松濤會ホームページ 支部一覧 参照

東北地区（山形県）

山形支部	林 良豪　http://yamagatashibu.yukimizake.net/

関東地区（千葉県）

館山支部	眞田房人 松濤會ホームページ 支部一覧 参照
市川支部 （市川少年空手道育成会）	http://www.maroon.dti.ne.jp/shotokai-ichikawa/ 工藤博志　　工藤博志　　　曽谷公民館 田口 堯　　　奥地得志　　　塩浜小学校体育館 　　　　　　工藤博志　　　第七中学校体育館 　　　　　　柳澤三代司　　東国分中学校体育館 　　　　　　曳地真雄　　　大野小学校体育館
一般社団法人 仙武会	http://park10.wakwak.com/~senbukai/ 高橋 宏　　仙武館道場（本部）　　　　山岸好久 　　　　　〒263-0022　千葉市稲毛区弥生町4-35 　　　　　船橋支部　　　関 清　　船橋市緑台グリーンハイツ集会所 　　　　　野呂支部　　　竹川久雄 　　　　　高洲支部　　　松田利夫 高洲第三小学校体育館 　　　　　姉ヶ崎支部　　白浜繁生 東京都千葉福祉園（袖ヶ浦市代宿8） 　　　　　白子空手道会　御園 久　南白亀小学校体育館 　　　　　茂原支部　　　　　　　　麻生文彦 西陵中学校体育館

関東地区（神奈川県）

湘南同志会	福岡兼雄 http://www.scn-net.ne.jp/~shou/index.html
二宮町空手道協会	小林基宏 http://www.scn-net.ne.jp/~shotokai/
孔仁門クラブ	土屋恭之 http://www.bizsystem.co.jp/koujinmon/index.html

関東地区（東京都）

東京都庁空手道部	北原利美 〒163-8001　東京都新宿区西新宿2-8-1 東京都庁内
辛夷会空手道場	阿久津清 http://shin-ikai.wixsite.com/index
墨田道友会	篠田晴輝 稽古／場所・曜日：本部道場松濤館 毎週土曜日
三井住友銀行空手道部	大城哲朗
	丸山太郎 稽古／場所・曜日：本部道場松濤館 毎週土曜日
東京農工大道志会	木内貞寛 連絡先：本部道場松濤館
ぶらり庵	松江仁美 http://www.burarian.jp/
成空塾	角谷和昭 http://www.geocities.jp/seikujyuku/
健武会	http://www.ac.auone-net.jp/~kenbukai/
	浅野俊文 三鷹市立 三鷹第二小学校
	佐藤 海　羽村市立 富士見小学校
	杉並区上井草スポーツセンター https://nobiru.co/school/5401
如水塾	青沼英子 池袋コミュニティー・カレッジ空手道型 入門
	http://cul.7cn.co.jp/programs/program_513081.html
	産経学園レディース空手道
	http://www.sankeigakuen.co.jp/
	産経学園少年少女空手道
	http://www.sankeigakuen.co.jp/
瀧田空手道教室	瀧田良徳 松濤會ホームページ 支部一覧 参照
松濤會カルチャー教室	小園雅孝 東急セミナーBE レディース空手道
	http://www.tokyu-be.jp/seminar/2014100006SW01001.html
	東急セミナーBE 日曜空手道場
	http://www.tokyu-be.jp/seminar/2014100006SW01002.html

中部地区（愛知県）

名古屋道友会	尾関寿一 〒460-0012 愛知県名古屋市中区千代田 3-26-15 三旺マンション鶴舞 401　　電話：052-322-9453

近畿地区（大阪府）

大阪久保田会	清水 勉	https://ja-jp.facebook.com/osakakubotakai
大阪支部	石田大三	http://www.eonet.ne.jp/~shotokai-osaka/index.html

中国地区（広島県）

広島支部	熊野 眞	https://shotokai-hiroshima-dojyo.jimdo.com/

中国地区（山口県）

下松支部	森　武雄	松濤會ホームページ 支部一覧 参照

四国地区（高知県）

高知支部	川上豊昭 本　部　http://kochisyotokai.web.fc2.com/ 　　　　　梼原支部 http://kochisyotokai.web.fc2.com/P7.html
土佐山田支部	德弘仁志 松濤會ホームページ 支部一覧 参照
土佐支部（土佐空手道会）	下城 力　本部道場悠遊館 http://www.yuyukan.org/

大学学生連盟

中央大学学友会空手部	http://chuo-karate.jp/
学習院大学空手道部	http://www.univ.gakushuin.ac.jp/active/club/sports/karate.html
成城大学空手道部	http://www.geocities.jp/seikukai27/index.html
専修大学体育会空手部	http://www.senshu-u.ac.jp/sports/sports_info/clubs/karate.html

大学 OB 会

中央大学空手道会	大黒 寛　http://chuo-karate.jp/
学習院大学空手道桜友会	川口利治　〒171-0031 東京都豊島区目白 1-5-1 学習院大学 黎明会館内
成城大学空手道会	常盤彦吉　http://www.geocities.jp/seikukai27/index.html

海外支部

台湾支部	林　丁南	http://myweb.fcu.edu.tw/~c25/Chinese/c_1.htm
ポルトガル松濤會（ＡＳＰ）	José Patrão	http://www.shotokai.pt/
ポルトガル空手道松濤會（ＰＫＳ）	Mario Rebola	https://www.facebook.com/PKS.PT/
ポルトガル武道会松濤會（ＡＢＳＰ）	António Cunha	http://www.absp.pt/
CECOM 空手道松濤會（ポルトガル）	Fernando Sarmento	http://www.cecomkaratedoshotokai.pt/
スペイン支部	昼間厚雄	http://shotokaikaratedo.org/ASE/index.htm
K.D.S（イギリス）	原田満典	http://www.karatedoshotokai.com/
イタリア支部	Ｍｒ．Alpi Roberto	http://www.shotokai.it/?cat=35
フランス支部	Christian Bert	松濤會ホームページ 支部一覧 参照
チリ松濤會	Humberto Heyden	http://www.shotokai.cl/
チリ松濤會空手道連盟（AKDES）	Jose Luis Sandoval Baeza	http://www.akdeschile.cl/

著者
江上 茂（えがみ しげる）

大正元（1912）年、福岡県に生まれる。昭和6（1931）年、早稲田大学に入学と同時に空手研究会に入会し、部創立に寄与する。在学時より松濤館に入門して松濤・船越義珍に師事し、空手道の修行に励む。昭和13（1938）年、松濤館段級位審査員となる。その後、陸軍中野学校の武道教官として招聘される。第二次世界大戦後しばらくして、船越義珍の師範代となり、早稲田大学空手部監督、同大正課体育講師を勤めた。その後、学習院、東邦、中央など、各大学の師範を歴任する。また、東急道場、富士通、日本ビクター、都庁など、各実業団空手部の指導と国内各地方支部の育成を行う。さらに、海外にも支部を作って斯道の普及に努め、現在数多くの門下生が世界各地で活躍している。

　昭和50（1975）年、師匠船越義珍翁（昭和32（1957）年没）の遺言に従い、廣西元信理事長らと共に、戦災で焼失した日本空手道松濤會本部道場・松濤館を東京芝浦（現在は東京菊川に移転）に再建し、同時にその館長に推挙される。昭和56（1981）年1月8日没。法名松濤院釋茂勲遊行居士。

※本書は昭和52年（1977）に講談社より発刊された、『空手道入門』を新装増補したものです。

本書の内容の一部あるいは全部を無断で複写複製（コピー）することは法律で認められた場合を除き、著作者および出版社の権利の侵害となりますので、その場合は予め小社あて許諾を求めて下さい。

新装増補版
空手道入門（からてどうにゅうもん）

●定価はカバーに表示してあります

2017年3月31日　初版発行

著　者　　江上 茂（えがみ しげる）
発行者　　川内 長成
発行所　　株式会社日貿出版社
　　　　　東京都文京区本郷 5-2-2　〒113-0033
電話　　（03）5805-3303（代表）
FAX　　（03）5805-3307
振替　　00180-3-18495

印刷　　株式会社ワコープラネット
© 2017 by Nihon Karate Do Shoto-kai ／ Printed in Japan
落丁・乱丁本はお取り替え致します

ISBN978-4-8170-6019-8
http://www.nichibou.co.jp/